Das Sony RX100 & RX100 II Handbuch

Lektorat: Gerhard Rossbach
Layout und Satz: Cora Banek, Mainz
Herstellung: Frank Heidt
Umschlaggestaltung: Anna Diechtierow
Druck und Bindung: mediaprint solutions GmbH, 33100 Paderborn

Bibliografische Information der Deutschen Nationalbibliothek
Die Deutsche Nationalbibliothek verzeichnet diese Publikation in der Deutschen Nationalbibliografie; detaillierte bibliografische Daten sind im Internet über http://dnb.d-nb.de abrufbar.

ISBN:
Print   978-3-86490-213-0
PDF   978-3-86491-519-2
ePub   978-3-86491-520-8

1. Auflage 2014
Copyright © 2014 dpunkt.verlag GmbH
Wieblinger Weg 17
69123 Heidelberg

Dieses Buch erschien auch unter dem Titel Sony RX100 II + RX100 im Verlag DATA BECKER GmbH & Co. KG, Düsseldorf. Der Titel ist mittlerweile vergriffen.

Die vorliegende Publikation ist urheberrechtlich geschützt. Alle Rechte vorbehalten.
Die Verwendung der Texte und Abbildungen, auch auszugsweise, ist ohne die schriftliche Zustimmung des Verlags urheberrechtswidrig und daher strafbar. Dies gilt insbesondere für die Vervielfältigung, Übersetzung oder die Verwendung in elektronischen Systemen.
Alle Angaben und Programme in diesem Buch wurden von den Autoren mit größter Sorgfalt kontrolliert. Weder Autor noch Herausgeber noch Verlag können jedoch für Schäden haftbar gemacht werden, die in Zusammenhang mit der Verwendung dieses Buchs stehen.
In diesem Buch werden eingetragene Warenzeichen, Handelsnamen und Gebrauchsnamen verwendet. Auch wenn diese nicht als solche gekennzeichnet sind, gelten die entsprechenden Schutzbestimmungen.

8 7 6 5

Zu diesem Buch – sowie zu vielen weiteren dpunkt.büchern – können Sie auch das entsprechende E-Book im PDF-Format herunterladen. Werden Sie dazu einfach Mitglied bei dpunkt.plus⁺:

www.dpunkt.de/plus

Martin Vieten

Das
Sony RX100 & RX100 II
Handbuch

Inhalt

1. Was Sie über Ihre RX100 und RX100 II wissen sollten........... 8
    1.1   Die Bedienelemente Ihrer RX100 im Überblick 11

2. So machen Sie Ihre RX100 startklar 14
    2.1   Energieversorgung für Ihre RX100 15
    2.2   Speicher für Ihre Aufnahmen 17
    2.3   Ihre Grundeinstellungen für einen gelungenen Einstand 19

3. Alles automatisch: unbeschwerte Aufnahmen mit Ihrer RX100 37
    3.1   Warum gleich zwei Vollautomatiken? 38
    3.2   Ihre erste Aufnahme mit der RX100.............................. 40
    3.3   Wie Sie die Vollautomatik an Ihre Vorstellungen anpassen 42
    3.4   So geben Sie das geeignete Motivprogramm vor..................... 46
    3.5   Bessere Porträtfotos mit der automatischen Gesichtserkennung 55
    3.6   Wenn die Szene nicht aufs Bild passt: Panoramafoto aufnehmen 64
    3.7   Digitalzoom – das Fernglas Ihrer RX100 69

4. Wie Sie Ihre Aufnahmen perfekt belichten 73
    4.1   Diese Faktoren sorgen für eine korrekte Belichtung 73
    4.2   Belichtung messen – diese Möglichkeiten haben Sie 92
    4.3   Belichtung steuern... 100
    4.4   So passen Sie die Belichtung auf den Punkt genau an................ 111
    4.5   Wie Sie Motive mit hohem Kontrastumfang meistern 113

5. Wie Sie auf den Punkt genau scharf stellen................... 130
    5.1   So legen Sie fest, was scharf aufs Bild kommt (und was nicht) 133
    5.2   Motive im Fokus halten, die sich bewegen 140
    5.3   So halten Sie Actionszenen in Bilderserien fest..................... 146
    5.4   Wenn der Fotograf mit aufs Bild soll: der Selbstauslöser.............. 149

6. Farben und Kontrast nach Maß 152
    6.1   Farben wie gewünscht 152
    6.2   Automatische Bildbearbeitung direkt in Ihrer RX100 161

7. Blitzbelichtung mit Ihrer RX100/RX100 II 172
    7.1   Für jede Aufnahmesituation der optimale Blitzmodus 174
    7.2   Wozu die Langzeitsynchronisation gut ist 179
    7.3   Synchronisation auf den zweiten Vorhang 183

8. Film ab! Videodreh mit Ihrer RX100 185
    8.1   Die wichtigsten Unterschiede zwischen den Film- und Fotofunktionen .. 186
    8.2   Das geeignete Dateiformat für Filmaufnahmen 188
    8.3   So filmen Sie mit der RX100 191

9. Aufnahmen betrachten 197
    9.1   Was der Wiedergabebildschirm zeigt 198
    9.2   So präsentieren Sie Ihre Aufnahmen auf einem externen Monitor 203

10. Ihre RX100 II im drahtlosen Netzwerk 204
    10.1   Aufnahmen drahtlos zum PC übertragen 205
    10.2   Verbinden Sie die RX100 II mit einem Smartphone 209

11. Index 214

Vorwort

Herzlich willkommen!

Klein, schwarz und stark – Ihre RX100 und RX100 II ist eine fantastische Kompaktkamera! Mit ihr gelingen eindrucksvolle Aufnahmen, wie sie vor wenigen Jahren nicht einmal mit einer ausgewachsenen Spiegelreflexkamera möglich waren. Gar nicht davon zu reden, dass die RX100 auch als Videokamera eine sehr gute Figur macht.

Seitdem ich die RX100 II besitze, bleibt meine schwere Fotoausrüstung immer häufiger zu Hause im Schrank. Ganz gleich, ob ich auf einer Feier fotografiere, mit meiner Familie durchs bayerische Oberland wandere oder einfach nur eine Kamera für alle Fälle in der Jackentasche haben möchte – die RX100 II hat mich noch nie im Stich gelassen.

Egal, ob Sie die aktuelle RX100 II Ihr Eigen nennen oder das Vorgängermodell RX100: Um alle Möglichkeiten der leistungsstarken Kompaktkamera auszuschöpfen, sollten Sie Ihre RX100 von der Pike auf kennen. Wie hilfreich sind die Automatikfunktionen? Was können Sie tun, wenn Ihre RX100 nicht so scharf stellt, wie Sie es sich wünschen? Oder in welcher Situation sollten Sie sich besser nicht blind auf die Belichtungsautomatik verlassen? Alle diese und viele Fragen mehr zum optimalen Umgang mit Ihrer RX100 möchte ich mit diesem Buch beantworten.

Es spielt dabei keine Rolle, welches Modell der RX100-Familie Sie besitzen – hier in meinem Buch werden Sie Antworten auf die meisten Ihrer Fragen finden und spannendes Neuland entdecken. Dabei ist es gleich, ob Sie sich erstmals mit den vielfältigen Möglichkeiten der professionell ausgestatteten Kompaktkamera beschäftigen oder ob Sie bereits ein alter Hase in Sachen Fotografie sind. Im Vordergrund steht dabei stets das Motiv – und nicht etwa die Technik der Kamera. Insofern unterscheidet sich dieses Buch also grundlegend von der Bedienungsanleitung, die Sony Ihrer RX100 beigelegt hat.

Viel Spaß beim Fotografieren mit Ihrer RX100 oder RX100 II
wünscht Ihnen
Martin Vieten

1. Was Sie über Ihre RX100 und RX100 II wissen sollten

Mit der RX100 bzw. RX100 II haben Sie eine Kamera erworben, die äußerst leistungsfähig und dabei handlich und kompakt ist. Auch wenn Sie mit den technischen Daten und grundlegenden Bedienelementen eventuell schon vertraut sein sollten, finden Sie im folgenden Kapitel noch einmal alle News und Funktionen übersichtlich aufgeführt.

Außen klein, innen oho – so könnte man die Sony Cyber-shot DSC-RX100 (ihr voller Name) und ihre jüngste Schwester, die RX100 II (wie ich sie hier im Buch abkürze) auf einen Punkt bringen. Als Sony die RX100 Mitte 2012 auf den Markt brachte, gab es keine vergleichbare Kamera: Im kompakten Gehäuse, das kaum größer ist als eine Zigarettenschachtel, nimmt ein verhältnismäßig großer 1-Zoll-Sensor mit gigantischen 20 Megapixeln Auflösung das digitale Foto oder Video auf. Das Licht sammelt ein 3,6-fach-Zoom ein, der zumindest am kurzen Zoomende mit f1.8 sehr lichtstark ist.

Vor einiger Zeit hat Sony nun der RX100 die große Schwester RX100 II zur Seite gestellt, das ältere Modell bleibt vorerst im Programm. Die beiden Kameras unterscheiden sich vor allem in der Ausstattung, aber auch unter der Haube hat Sony die RX100 II nochmals verbessert. Dies sind die wichtigsten Unterschiede:

Von vorne betrachtet gleichen sich die RX100 (links) und die RX100 II (rechts) fast wie ein Ei dem anderen. Nur die Abdeckung für den neuen Zubehörschuh steht bei der RX100 II etwas hervor.

◆ **Klappbares Display:** Während sich die RX100 mit einem starr verbauten Display begnügen muss, hat Sony der RX100 II einen klappbaren Bildschirm spendiert. Er lässt sich um fast 90° nach unten schwenken und um rund 40° nach oben. Das erleichtert vor allem bodennahe Aufnahmen sowie das Fotografieren über Kopf.

◆ **Multi-Interface-Zubehörschuh:** Die RX100 II hat einen Zubehörschuh spendiert bekommen, der zunächst einmal ein externes Blitzgerät aufnehmen kann (mehr dazu lesen Sie in Kapitel 7 zur Blitzbelichtung). Doch das ist noch nicht alles: Der Zubehörschuh ist mit über 30 Mikrokontakten versehen, über den weiteres Zubehör mit der Kamera kommunizieren kann – etwa der formidable elektronische Sucher FDA-EV1MK 05 oder das Stereomikrofon ECM-XYST1M.

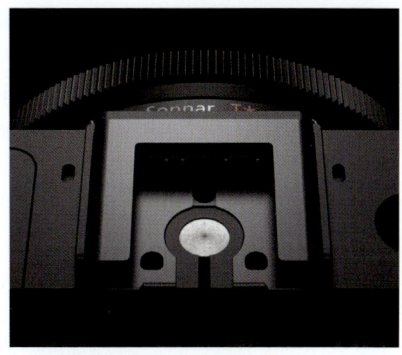

◆ **Wi-Fi-Konnektivität:** Die RX100 II kann sich über Wi-Fi mit weiteren Geräten verbinden, etwa mit einem Smartphone. Diese drahtlose Verbindung dient zum Austausch der Aufnahmen, über sie lässt sich die RX100 II aber auch fernsteuern. Wie Sie diese Möglichkeiten in der Praxis einsetzen, erfahren Sie in Kapitel 10.

◆ **Multi-Terminal-USB:** An die USB-Buchse der RX100 II lässt sich weiteres Systemzubehör anschließen, etwa die Kabelfernbedienung RM-VPR1.

◆ **Bildsensor in BSI-Technik mit höherer Empfindlichkeit:** Auf den ersten Blick basieren beide RX100-Schwestern auf dem gleichen Bildsensor im 1-Zoll-Format, der rund 20 Megapixel auflöst. Doch bei der RX100 II ist der Bildwandler in der BSI-Technik aus-

geführt, er wird rückwärtig belichtet. Beim herkömmlichen Sensordesign werden die Leiterbahnen nach vorne weggeführt, die Leitungen liegen also vor der lichtempfindlichen Schicht. Nicht so beim BSI-Wandler der RX100 II – hier wird das Signal nach hinten weggeleitet, keine Leitungen stören das Licht auf seinem Weg in die Tiefen des Siliziums. Sony reklamiert, dass der neue Exmor-R-Sensor der RX100 II rund 40 % lichtempfindlicher sei als der herkömmlich konstruierte Bildwandler der Vorgängerin. Dementsprechend reicht die ISO-Empfindlichkeit der RX100 II von ISO 100–25000, bei der RX100 lediglich von ISO 80–6400.

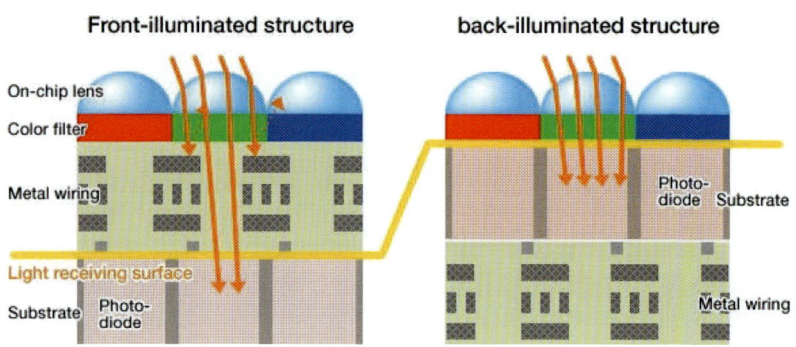

Links: Beim herkömmlichen Sensordesign muss sich das Licht erst einen Weg durch die Verdrahtung bahnen. Rechts: Bei BSI-Sensoren wandert die Verdrahtung nach hinten, die Ausbeute der lichtempfindlichen Schicht ist größer.

Bei allen Unterschieden sind sich die RX100 und RX100 II jedoch sehr ähnlich. Das gilt sowohl für die Bedienung als auch für die Funktionen, die beide Schwestern bereithalten. Es liegt auf der Hand, dass die RX100 II die eine oder andere Option mehr bietet – aber die Unterschiede sind wirklich nicht sonderlich groß. Um Ihnen den Lesefluss zu erleichtern, werde ich jetzt schlicht von der RX100 sprechen, wenn meine Informationen für beide Kameras gleichermaßen gelten (und nicht jedes Mal RX100/RX100 II schreiben).

Das Seitenformat beträgt 3:2

Von herkömmlichen Kompaktkameras unterscheidet sich die RX100 durch einen kleinen, aber feinen Unterschied: Ihr Sensor weist ein Seitenverhältnis von 3:2 auf, wie auch ein klassischer Kleinbildfilm. Übliche Kompaktkameras nehmen dagegen im Format 4:3 auf, wie es beim analogen Fernsehen gang und gäbe war. Das 3:2-Format ist jedoch deutlich näher an herkömmlichen Ausgabeformaten wie DIN-Papier, aber auch einem 16:10-Fenseher.

1.1 Die Bedienelemente Ihrer RX100 im Überblick

Rückansicht

1. Auslöser für Filmaufnahmen (MOVIE-Taste)
2. Fn-Taste (Schnellmenü)/Funktion *Drehen* im Wiedergabemodus
3. MENU-Taste zum Aufrufen des Hauptmenüs
4. Steuerrad mit integrierter Vierwegewippe
5. *Hilfe > Löschen* im Wiedergabemodus
6. SET-Taste (Eingabe bestätigen)
7. Wiedergabe

Aufsicht

8. Steuerring (Objektivring)
9. Zoomhebel
10. Auslöser (für Fotoaufnahmen)
11. Programmwählrad
12. Ein-/Ausschalter

Bildschirmsymbole

1. Aufnahmemodus
2. Bildfolgemodus/Selbstauslöser
3. Blitzmodus
4. AF-Modus
5. Belichtungsmodus
6. Soft-Skin-Effekt
7. Gesichtserkennung/Lächelerkennung
8. Automatischer Rahmen (RX100 II) bzw. Porträtrahmen (RX100)
9. Messmodus (Belichtungsmesser)
10. Blitzbelichtungskorrektur
11. Weißabgleichvorgabe
12. DRO-Einstellung

13. Bildstil (Kreativmodus)
14. Bildeffekt
15. Speicherkapazität (Anzahl der verbleibenden Fotoaufnahmen)
16. Seitenverhältnis
17. Dateigröße (Bildgröße)
18. Dateiformat (Fotoaufnahme)
19. Bildfrequenz (Filmaufnahme)
20. Datenrate (Filmaufnahme)
21. Akkufüllstand
22. Fallsensor
23. NFC (nur RX100 II)
24. SteadyShot (Bildstabilisator)
25. ISO-Wert
26. Belichtungskorrektur
27. Blendenwert
28. Belichtungszeit
29. Fokusbestätigung

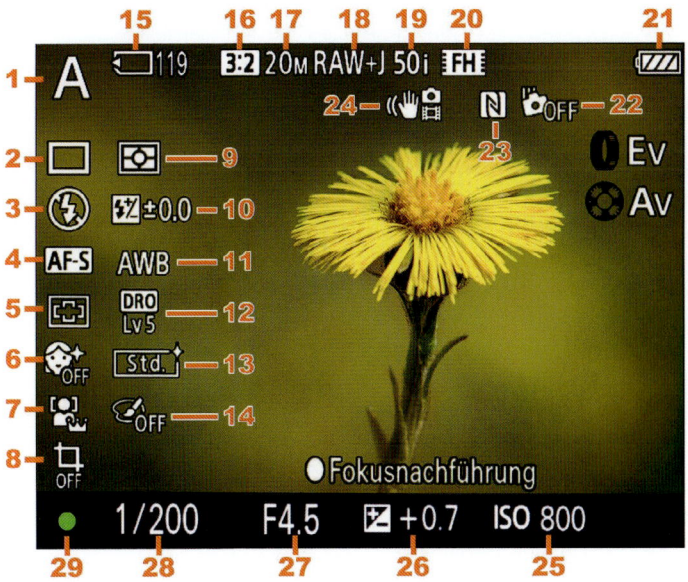

2. So machen Sie Ihre RX100 startklar

Bevor es mit dem Fotografieren losgeht, lernen Sie nun zunächst wichtige Grundlagen zum Energiemanagement, zu Speicherkarten und den optimalen Grundeinstellungen zum unkomplizierten und schnellen Starten mit der Kamera kennen.

Die ersten Stunden mit Ihrer RX100 sind sicher die spannendsten. Denn bevor es losgehen kann, muss erst einmal der Akku aufgeladen werden. Und dann benötigen Sie auch noch eine passende Speicherkarte für Ihre Aufnahmen. Während also der Akku an der Steckdose nuckelt, können Sie schon einmal die Bedienungsanleitung (oder auch dieses Buch) durchblättern. Lassen Sie sich jetzt aber nicht erschlagen von den vielen Möglichkeiten, die Ihnen Ihre neue Kamera bietet! Für den Anfang reicht es völlig, wenn Sie ein

---

Nützliches Zubehör: externes Akkuladegerät

Dass der Akku zum Aufladen standardmäßig in Ihrer RX100 verbleibt, hat Vor- und Nachteile. Wenn Sie unterwegs sind, brauchen Sie nicht extra ein Akkuladegerät mitzunehmen, Ihr Reisegepäck bleibt leicht. Doch aus meiner Sicht überwiegen die Nachteile: Ihre RX100 bleibt angebunden, solange der Akku am Stromnetz saugt – ist der Akku leer, muss die Kamera im Hotelzimmer bleiben. Das gilt selbst, wenn Sie einen Reserveakku anschaffen. Auch er blockiert die Kamera, solange er geladen wird.

Daher mein Tipp: Wenn Sie ausgedehnte Fototouren mit Ihrer RX100 planen, besorgen Sie sich am besten ein externes Akkuladegerät sowie einen Zweitakku. Beides gibt es direkt bei Sony: Ihre RX100 nimmt Akkus vom Typ NP-BX1 auf, das dazu passende Ladegerät trägt die Bezeichnung BC-TRX (siehe Abbildung). Deutlich günstiger als die Originalgeräte von Sony werden passende Akkus und Ladegeräte von Zubehörfirmen angeboten.

paar grundlegende Funktionen und Aufnahmetechniken beherrschen. Was Sie auf alle Fälle vorab über Ihre RX100 wissen sollten, erfahren Sie jetzt.

2.1 Energieversorgung für Ihre RX100

Die RX100 bezieht ihre Energie aus dem Akku, der der Kamera beiliegt. Um ihn zu laden, legen Sie ihn in die Kamera ein und verbinden sie via USB-Anschluss mit dem beiliegenden Ladegerät, das Sie in die Netzsteckdose einstecken. Es dauert ungefähr 155 Minuten bei der RX100 und 230 Minuten bei der RX100 II, bis ein leerer Akku wieder randvoll aufgeladen ist. Sie können den Akku auch via USB-Anschluss an Ihrem Rechner laden, das dauert aber deutlich länger als am Netzstrom.

Am besten laden Sie den Akku vor jedem Einsatz randvoll auf, also bis die Kontrollleuchte am Ladegerät erloschen ist. Andernfalls laufen Sie Gefahr, dass Ihnen ausgerechnet dann der Saft ausgeht, wenn dieser kapitale Zwölfender aus den Büschen tritt, den Sie schon seit Monaten auf den Chip bannen wollten!

2.1.1 So haushalten Sie richtig mit der Akkuenergie

Naturgemäß ist die Reichweite Ihres Akkus in der RX100 begrenzt. Die folgende Tabelle gibt Ihnen einen Überblick, mit welcher Laufzeit Sie ungefähr rechnen können:

	Bilder (Anzahl)	Video (Länge in Minuten)
RX100	330	80
RX100 II	350	80

Die Angaben zur Akkureichweite werden nach der japanischen CIPA-Norm ermittelt. Wie bei den Herstellerangaben zum durchschnittlichen Kraftstoffverbrauch eines Wagens gilt auch hier: In der Praxis

> **Stand-by-Zeit ändern**
> Standardmäßig geht Ihre RX100 bereits zwei Minuten, nachdem Sie letztmalig einen Knopf gedrückt haben, in den Stand-by-Modus. Die Kamera wirkt wie ausgeschaltet – doch einmal kurz auf den Hauptschalter gedrückt, und sie ist wieder startklar. Für meinen Geschmack darf die Kamera gerne etwas länger aktiv bleiben, bevor sie schlafen geht. Ich lasse meine RX100 erst nach fünf Minuten in den Stand-by-Modus wechseln. Mit dieser Befehlsfolge richten Sie Ihre Kamera ebenfalls so ein: *MENU-Taste > 🔧 1 > Energiesparen-Startzeit > 5 Minuten.*

geht dem Akku unter Umständen deutlich schneller die Puste aus, als es die technischen Angaben versprechen. Mit folgenden Tricks maximieren Sie die Laufzeit:

◆ Schalten Sie Ihre RX100 nicht ständig aus und wieder ein. Bei jedem Neustart fährt die Kamera ihr internes Betriebssystem hoch (so wie Ihr Computer) und verbraucht dabei einiges an Strom. Lassen Sie die RX100 stattdessen nach spätestens fünf Minuten in den Stand-by-Modus wechseln.

◆ Besonders viel Strom schlucken das Blitzlicht und Videoaufnahmen. Verwenden Sie also den Blitz sparsam, und filmen Sie nicht, wenn Ihr Akku für möglichst viele Fotoaufnahmen reichen soll.

◆ Noch mehr Strom als das Display verbraucht der optional erhältliche elektronische Sucher FDA-EV1MK an der RX100 II. Die Akkureichweite sinkt damit bei Fotoaufnahmen um ca. 25 %, bei Filmaufnahmen noch um rund 10 %.

> **Nur für Wiedergabe einschalten**
> Sie möchten nur mal schnell ein paar Bilder ansehen, die Sie kürzlich aufgenommen haben? Dann schalten Sie Ihre RX100 im stromsparenden Wiedergabemodus ein. Dazu halten Sie den Wiedergabeknopf einen Augenblick gedrückt. Mit dem Hauptschalter schalten Sie Ihre Kamera wieder aus. Oder drücken Sie kurz auf den Auslöser, um sie aufnahmebereit zu machen.

2.2 Speicher für Ihre Aufnahmen

Okay, Ihr Akku ist klar. Jetzt benötigen Sie noch eine Speicherkarte für Ihre Foto- und Filmaufnahmen. Ihre RX100 nimmt zwei verschiedene Typen von Speicherkarten auf:

◆ SD-, SDHC- und SDXC-Karten. Diese Speicherkarten sind äußerlich baugleich, sie unterscheiden sich vor allem in der maximalen Speicherkapazität. Die noch seltenen SDXC-Karten können zudem von älteren Rechnern nicht gelesen werden (sie benötigen mindestens Windows Vista mit Service Pack 1 oder Mac OS X).

Speicherkarte und Akku teilen sich ein gemeinsames Fach an der Unterseite Ihrer RX100 (Foto: © digitalkamera.de).

◆ Memory Stick PRO Duo und Memory Stick PRO-HG Duo. Die Memory-Sticks sind spezielle Speicherkarten von Sony, die fast nur in Sony-Geräten verwendet werden.

SD- bzw. SDHC-Karten finden sich heute nahezu in jedem Haushalt, bestimmt auch bei Ihnen. Sie können diese Karten problemlos in Ihrer RX100 verwenden. Prüfen Sie jedoch, ob die Speicherkapazität und vor allem auch die Schreibgeschwindigkeit Ihren Mindestanforderungen entsprechen. Das gilt natürlich ebenso, wenn Sie neue SD-Karten eigens für Ihre RX100 anschaffen möchten oder Memory Sticks verwenden:

◆ Die Schreibgeschwindigkeit Ihrer Speicherkarten sollte mindestens 4 MByte/s betragen. Entsprechende SDHC-Karten werden mit »Class 4« gekennzeichnet, Memory Sticks mit »Mark 2«. Falls Sie Filme im AVCHD-Format aufnehmen möchten, sollten Sie SDHC-Karten der höchsten Geschwindigkeitsklasse »Class 10« verwenden.

Links nebeneinander zwei SDHC-Karten – hier weist die eingekreiste Zahl auf die Schreibgeschwindigkeit hin. Die Karte links ist eine schnelle Class-10-Karte, daneben eine Class-4-Karte. Rechts übereinander zwei Memory Sticks, bei ihnen sind die Geschwindigkeitsangaben nicht ganz so klar. Oben ist sie absolut als 30 MByte/s angegeben – das derzeit höchstmögliche Tempo. Sony (unten) macht nur die relative Angabe Mark 2; langsamer sollte ein Memory Stick für Ihre RX100 nicht sein.

◆ Die Speicherkapazität entscheidet darüber, wie viele Fotos bzw. Minuten Filmaufnahmen (noch) Platz auf der Karte haben. Dies hängt vor allem auch davon ab, in welchem Dateiformat Sie aufzeichnen. So beanspruchen Fotos im RAW-Format deutlich mehr Speicherplatz als JPEG-Aufnahmen. Bei Videos sind Aufnahmen im AVCHD-Format spürbar speicherhungriger als MP4-Aufnahmen.

Ihre RX100 zeigt links oben im Sucherbild, wie viele Fotos noch Platz auf der Speicherkarte haben. Hier sind es 353 Aufnahmen im Dateiformat JPEG FINE.

Eine Speicherkarte mit einer Kapazität von 4 GByte fasst ganz grob gesagt etwa doppelt so viele Fotos (im JPEG-Format), wie Sie mit einer Akkuladung aufnehmen können – im Prinzip also mehr als genug. Zeichnen Sie dagegen im RAW-Format auf, planen Sie pro Akkuladung besser eine 8-GByte-Karte ein.

2.2.1 Speicherkarte formatieren

Nichts ist ärgerlicher als eine RX100, die nichts mehr aufnimmt, weil die Speicherkarte voll ist. Am besten legen Sie stets eine leere, frisch formatierte Speicherkarte in Ihre Kamera ein. Und: Halten Sie immer eine leere Reservekarte bereit.

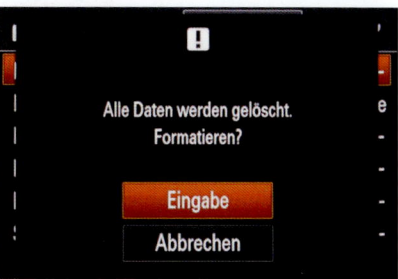

Lassen Sie also Ihre Speicherkarte nicht in der Kamera, bis die Kapazität zur Neige geht. Besser: Übertragen Sie Ihre Aufnahmen nach jeder Fototour oder wenigstens einmal wöchentlich auf Ihren Rechner.

Beim Formatieren werden alle Bilder und sonstige Daten auf Ihrer Speicherkarte unwiderruflich gelöscht. Vergewissern Sie sich, dass Sie Ihre Aufnahmen bereits auf den Rechner übertragen haben, bevor Sie Ihre Karte formatieren.

Anschließend formatieren Sie die Karte mit Ihrer RX100 neu (nicht mit Ihrem Computer!). Eine neue Karte müssen Sie sowieso formatieren: Legen Sie die Speicherkarte in Ihre Kamera ein, dann rufen Sie im Menü ◀ *1 > Formatieren* auf und bestätigen mit *Eingabe*.

2.3 Ihre Grundeinstellungen für einen gelungenen Einstand

Man sieht es der RX100 nicht auf den ersten Blick an: Die kleine Kamera bietet Einstellungs- und Konfigurationsmöglichkeiten wie eine ausgewachsene Systemkamera. Sie können fast alles automatisch erledigen lassen, aber Ihre RX100 auch nahezu vollständig manuell steuern. Zudem lassen sich zahlreiche Optionen einstellen, etwa welche Informationen Sie im Sucherbild sehen möchten.

Sie erfahren jetzt, mit welchen Grundeinstellungen für Ihre RX100 Sie am besten durchstarten. Das ist auch deshalb wichtig, weil ich davon ausgehe, dass Sie Ihre RX100 grundsätzlich wie im Folgenden beschrieben eingerichtet haben.

2.3.1 So navigieren Sie durch die Menüs

Sie können praktisch alle Funktionen Ihrer RX100 über das Menü aufrufen und einstellen. Viele wichtige oder häufig verwendete Funktionen erreichen Sie auch anders und schneller.

Doch jetzt geht es erst einmal darum, die wichtigsten Menüfunktionen einzustellen.

1. Sie rufen das Kameramenü auf, indem Sie die Taste MENU drücken. Standardmäßig zeigt Ihre RX100 nun den ersten Befehl im ersten Menü, also ⬛ 1 > Bildgröße.

2. Um vertikal durch die Menüs bzw. Register eines Menüs zu blättern, drücken Sie die ◀- bzw. ▶-Taste auf dem Steuerrad. Hier bin ich so ins Menü ⬛ 2 weitergegangen:

> **Drehen statt drücken**
> Anstatt die Tasten auf dem Steuerring zu drücken, können Sie auch am Ring drehen. Drehen Sie ihn im Uhrzeigersinn, um nach unten zu springen. Falls Sie über das Ende der Liste hinaus blättern, rufen Sie automatisch das nächste Menü bzw. Register auf.

3. Eine Option im aktuellen Menü bzw. Register wählen Sie aus, indem Sie die ▼- bzw. ▲-Taste drücken. Jetzt habe ich im Menü 📷 2 die Option *Fokusmodus* ausgewählt:

4. Sie rufen die aktuell markierte Option auf, indem Sie die zentrale SET-Taste drücken. Ihre RX100 blendet daraufhin eine Auswahlliste ein, in der Sie wieder mit ▼ bzw. ▲ die gewünschte Einstellung wählen – hier *AF-C*. Alternativ drehen Sie am Steuerrad, bis die gewünschte Einstellung markiert ist.

5. Sie bestätigen Ihre aktuelle Wahl mit einem erneuten Druck auf die SET-Taste.

Sie haben soeben die Befehlsfolge *MENU > 📷 2 > Fokusmodus > AF-C* aufgerufen. So werde ich Befehlsfolgen ab sofort immer nennen – was Sie dazu drücken müssen, wissen Sie ja jetzt.

Schritt zurück oder Eingabe abbrechen
Sobald Sie den letzten Befehl in der Kette bestätigt haben, übernimmt Ihre RX100 diesen als aktuelle Einstellung und kehrt wieder in die Aufnahmebereitschaft zurück. Falls eine Optionsliste einmal doch nicht die gewünschte Einstellungsmöglichkeit offeriert, kehren Sie mit der MENU-Taste eine Stufe zurück. Wenn Sie das Menü ohne Änderung verlassen möchten, tippen Sie einfach kurz den Auslöser an.

> **Hilfe aufrufen**
> Sie sind sich nicht sicher, welche Funktion sich hinter der aktuell gewählten Option verbirgt? Dann drücken Sie die ?-Taste – Ihre RX100 blendet jetzt einen kurzen Erläuterungstext ein.

2.3.2 Zurück auf Anfang: Wie Sie Ihre RX100 zurücksetzen

Sie haben Ihre RX100 soeben frisch aus dem Karton geschält, sie liegt also quasi jungfräulich vor Ihnen? Dann können Sie gleich zum nächsten Abschnitt blättern (»Sprache und Datum einstellen«). Sollten Sie aber bereits eifrig die vielen Einstellungsmöglichkeiten ausprobiert haben (oder die Kamera gebraucht gekauft haben), setzen Sie Ihre RX100 jetzt besser in den Auslieferungszustand zurück. Andernfalls werden Sie viele Einstellungen nicht ohne Weiteres finden, auf die es in diesem Buch ankommt.

Auf jeden Fall sollten Sie die Kamera zurücksetzen, falls Sie sie gebraucht erworben haben – Sie wissen ja nicht, mit welchen Vorlieben der Vorbesitzer sie betrieben hat. Dazu dient bei der RX100 diese Befehlsfolge: *MENU* > 🔧 *3* > *Initialisieren*; bei der RX100 II rufen Sie *MENU* > 🔧 *4* > *Initialisieren* auf. Jetzt haben Sie drei Möglichkeiten bei der RX100 bzw. vier bei der RX100 II:

◆ *Zurücksetzen* bringt die RX100 in den Zustand, den sie bei der Auslieferung hatte. Diese Option empfiehlt sich vor allem bei der RX100 II, um eventuelle Netzwerkkonfigurationen zu löschen.

◆ *Aufn.mod.Reset* stellt lediglich die Vorgaben im Fotoaufnahme- und Filmaufnahmemenü zurück.

◆ *Benutzer-Reset* stellt die Standardvorgaben im Benutzermenü wieder her.

◆ **Netzw.einst. zurücksetz.** (nur RX100 II) setzt lediglich Ihre Vorgaben zur Verbindung der RX100 II mit einem drahtlosen Netzwerk (z. B. Smartphone) zurück.

Wenn Sie mit einer neuen RX100 bereits ein wenig herumgespielt haben, rufen Sie zunächst *Aufn.mod.Reset* und dann *Benutzer-Reset* auf.

2.3.3 Sprache und Datum einstellen

Bei einer RX100 frisch aus dem Laden sollten sich die Menüs in Deutsch präsentieren. Falls nicht, stellen Sie die Menüsprache jetzt um. Wichtig auch: Sorgen Sie dafür, dass die Uhr in Ihrer RX100 richtig gestellt ist. Nur dann enthalten Ihre Fotos und Filme die korrekten Informationen zum Aufnahmezeitpunkt. Die exakte Aufnahmezeit ist auch wichtig, wenn Sie bei Ihrer RX100 II den Ort der Aufnahme mit den GPS-Daten Ihres Smartphones synchronisieren möchten.

Die Sprache der Menüs und Meldungen ändern Sie bei Bedarf über *MENU* > 🔧 *3* > *Sprache* bei der RX100 bzw. mit *MENU* > 🔧 *4* > *Sprache* bei der RX100 II. Der Befehl *Sprache* ist mit dem Symbol 🅰 gekennzeichnet, sodass Sie ihn auch dann erkennen, wenn Ihre RX100 ein fremdsprachiges Menü zeigt.

Kontrollieren Sie auch, ob Uhrzeit sowie Datum korrekt eingestellt sind und die Zeitzone vorgegeben ist, in der Sie Ihre RX100

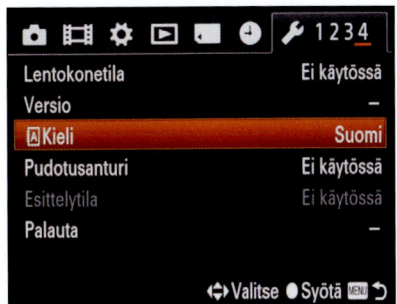 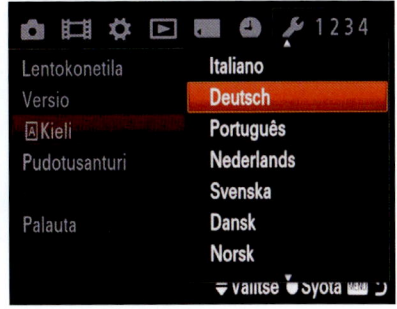

Ganz gleich, in welcher Sprache Ihre RX100 aktuell Menüs und Meldungen anzeigt: Den Befehl »Sprache« erkennen Sie an dem vorangestellten Symbol.

Für den deutschsprachigen Raum wählen Sie »Gebietseinstellung > Berlin > Paris«.

> **Praktisch auf Reisen**
> Nachdem Sie Datum, Uhrzeit und Region einmal eingerichtet haben, brauchen Sie sich um nichts mehr zu kümmern. Sollten Sie in eine andere Zeitzone verreisen, brauchen Sie nur noch die entsprechende *Gebietseinstellung* vorzugeben. Ihre RX100 stellt dann Datum und Uhrzeit automatisch auf die gewählte Zeitzone um.

verwenden. Dazu rufen Sie das Menü 🔘 auf und wählen zunächst die passende *Gebietseinstellung*. Wenn gerade aktuell die Sommerzeit gilt, stellen Sie auch diese ein.

Mit *MENU* > 🔘 > *Datum* > *Uhrzeit* stellen Sie dann noch die interne Uhr Ihrer RX100.

2.3.4 Das Wichtigste zu den Menüs Ihrer RX100

Das Kameramenü Ihrer RX100 ist in sieben Hauptmenüs aufgeteilt. Einige werden Sie häufiger aufsuchen, andere dagegen nur sehr selten. Dennoch ist es gut zu wissen, in welche Menüs Sony die vielen Befehle Ihrer RX100 einsortiert hat, daher hier ein Überblick:

- 📷 **Foto-Aufnahme:** Hier legen Sie fest, in welcher Weise Ihre RX100 Fotos aufnehmen soll und wie die Aufnahmen gespeichert werden. Dazu gehört zum Beispiel die Arbeitsweise des Autofokus oder des Blitzgerätes und vieles mehr. Besonders wichtige Funktionen wie die Belichtungskorrektur können Sie direkt ansteuern, etwa via Vierwegewippe, über die Fn-Taste oder den Objektivring. Außerdem richten Sie hier die Verbindung Ihrer RX100 II mit einem Smartphone ein.

- **Film-Aufnahme:** Hier legen Sie spezifische Aufzeichnungsparameter für Videoaufnahmen fest, etwa ob Ton aufgezeichnet werden soll.

- **Benutzermenü:** Im Benutzermenü stellen Sie ein, wie sich Ihre RX verhält (Signaltöne, Displayanzeige etc.). Ferner ordnen Sie hier den Steuerelementen ihre Funktionen zu und schalten einige grundlegende Aufnahmefunktionen ein oder aus.

- **Wiedergabemenü:** Hier legen Sie fest, ob Sie Fotos oder Filme betrachten möchten, löschen ausgewählte Aufnahmen und konfigurieren den Wiedergabebildschirm (mehr dazu lesen Sie in Kapitel 9). Nur bei der RX100 II finden Sie außerdem Befehle, um Ihre Bilder drahtlos auf ein Smartphone oder einen Rechner zu übertragen.

- **Speicherkartentool:** Dieses Menü benötigen Sie, um eine Speicherkarte zu formatieren und Ordner für Ihre Aufnahmen anzulegen bzw. auszuwählen.

- **Datum und Uhrzeit:** Hier stellen Sie die Kamerauhr ein und legen die Zeitzone fest (siehe Seite 23).

- **Setup-Menü:** Das Setup-Menü dient zur grundlegenden Konfiguration Ihrer Kamera, etwa zum Einstellen der Displayhelligkeit, der Signaltöne oder der Menüsprache. Bei der RX100 II richten Sie ferner im Setup-Menü die drahtlose Kommunikation mit einem Smartphone oder Rechner ein.

2.3.5 Empfehlenswerte Standardkonfiguration

Von Haus aus hat Sony Ihre RX100 bereits so eingerichtet, dass sie in vielen Aufnahmesituationen hervorragende Fotos oder Filme aufnimmt. Bei einigen Werkseinstellungen liegt jedoch der Vorrang auf den Automatikfunktionen, die Ihnen ein wenig die Kontrolle entziehen. Ich habe meine RX100 II daher etwas anders eingerichtet, als es Sony vorsieht. Hier auf die Schnelle meine Empfehlung, was Sie ändern sollten.

Foto-Aufnahme

Bildqualität/FINE oder RAW: Standardmäßig zeichnet Ihre RX100 im JPEG-Format mit der höchsten Qualitätsstufe *FINE* auf. Deutlich mehr Bearbeitungspotenzial bietet Ihnen die Aufzeichnung im RAW-Format, allerdings müssen Sie Ihre Aufnahmen dann noch entwickeln. Sollten Sie bereits Erfahrung mit der RAW-Bearbeitung haben, stellen Sie die Qualität auf *RAW* ein. Denken Sie aber daran, dass Ihnen dann einige Funktionen Ihrer RX100 nicht zur Verfügung stehen – in diesem Fall schalten Sie auf *FINE* um.

AF-Feld/Mitte: Von Haus aus ermittelt Ihre RX100 selbstständig, auf welche Motivpartie sie scharf stellt (mit Vorrang auf Gesichtern). Ich bevorzuge die Grundeinstellung *AF-Feld > Mitte*. Mehr zu den verschiedenen Möglichkeiten des Autofokus lesen Sie in Kapitel 5 zum Scharfstellen mit Ihrer RX100.

Automat. Rahmung (RX100 II), Autom. Portr.-Rahm. (RX100)/Aus: Standardmäßig schneidet Ihre RX100 Porträtaufnahmen (die RX100 II sogar auch andere Motive) nach den Regeln des Goldenen Schnitts zu. Schalten Sie diese Funktion besser aus und nur bei Bedarf ein (mehr dazu lesen Sie in Kapitel 3 zu den Automatikfunktionen).

ISO AUTO und die Obergrenze festlegen: Damit wählt Ihre RX100 eine ISO-Empfindlichkeit, die zu den Lichtverhältnissen und Ihren sonstigen Aufnahmeeinstellungen passt. Standardmäßig ist als Obergrenze ISO 3200 vorgegeben. Wenn Sie sehr große Ausdrucke Ihrer Fotos benötigen, reduzieren Sie die Obergrenze auf ISO 1600 – wie's gemacht wird, lesen Sie ab Seite 89.

✿ Benutzermenü

Bildkontrolle/5 Sek.: Standardmäßig zeigt Ihre RX100 jede neue Aufnahme unverzüglich für zwei Sekunden auf dem Display. Für meinen Geschmack ist das etwas kurz, ich habe die Anzeigedauer auf fünf Sekunden umgestellt. Wenn Sie währenddessen ein neues Foto aufnehmen möchten, tippen Sie kurz den Auslöser an, um die Bildwiedergabe sofort zu beenden.

Taste DISP (Monitor): Hier legen Sie fest, welche Bildschirmanzeigen sich mit der DISP-Taste aufrufen lassen. Mehr dazu lesen Sie ab Seite 39.

Steuerring/Belichtungskorrektur: Der Steuerring rund um das Objektiv Ihrer RX100 nimmt von Haus aus unterschiedliche Funktionen wahr, abhängig davon, welchen Aufnahmemodus Sie gewählt haben. Ich habe ihm fest die Funktion *Belichtungskorrektur* zugewiesen, um den Belichtungsmesser meiner RX100 II besonders flott übersteuern zu können. Mehr zu diesem Thema lesen Sie in Kapitel 4. Sie können dem Steuerring jedoch auch andere Funktionen zuweisen – siehe Seite 34.

Steuerring-Anzeige/Aus: Normalerweise erscheint eine kleine Animation auf dem Bildschirm, sobald Sie den Steuerring drehen. Einen praktischen Nutzen hat das nicht, schalten Sie die Funktion ruhig aus.

Funktionstaste: Mit der Fn-Taste Ihrer RX100 holen Sie ein Schnellmenü aufs Display, das Ihnen Zugriff auf sieben Funktionen bietet. Sie können aus 17 Funktionen auswählen, welche der sieben Vorgaben sich mit der Fn-Taste einstellen lassen. Wie Sie die Fn-Taste konfigurieren, lesen Sie ab Seite 35. Dort finden Sie auch Empfehlungen, welche Funktionen sich für Ihre bevorzugte Anwendung der RX100 besonders gut eignen.

🔧 Setup-Menü

Menüanfang/Zurück: Mit dieser Vorgabe landen Sie beim Aufruf des Menüs beim zuletzt verwendeten Befehl. Ich finde das praktischer als die Standardvorgabe *Anfang*, bei der Sie stets zum Menüanfang gelangen.

Hilfe zum Moduswahlkn./Aus: Sobald Sie das Modusrad Ihrer RX100 verstellen, wird standardmäßig eine kurze Erläuterung zu Ihrer aktuellen Einstellung eingeblendet. Spätestens nachdem Sie dieses Buch durchgelesen haben, können Sie darauf verzichten – schalten Sie die Hilfeanzeige dann *Aus*.

Signaltöne /Aus: Schalten Sie das Piepen und künstliche Verschlussgeräusch Ihrer RX100 besser aus – insbesondere, wenn Sie in ruhiger Umgebung wie im Theater oder einer Kirche fotografieren.

Fallsensor/Aus: Ihre RX100 ist mit einem Fallsensor ausgestattet, der automatisch das Objektiv schützend ins Kamerainnere zieht, sollte er einen Sturz registrieren. Allerdings reagiert der Fallsensor etwas empfindlich – dann müssen Sie Ihre RX100 erst wieder einschalten, um sie verwenden zu können. Mich nerven die Fehlalarme des Fallsensors, daher habe ich ihn ausgeschaltet.

MOVIE-Taste/Nur Filmmodus: Standardmäßig startet die MOVIE-Taste eine Filmaufnahme, sobald sie gedrückt wird – ganz gleich, welchen Aufnahmemodus Sie eingestellt haben. Da kann es leicht passieren, dass Ihre RX100 versehentlich einen Film aufnimmt. Wenn Sie das vermeiden möchten, geben Sie *Nur Filmmodus* vor. Jetzt funktioniert die MOVIE-Taste nur, wenn Sie zuvor *Filmaufnahme* auf dem Programmwähler eingestellt haben.

2.3.6 Was soll das Display zeigen?

Haben Sie Ihre RX100 inzwischen so eingerichtet, dass sie macht, was Sie wollen? Dann drücken Sie doch jetzt einmal die DISP-Taste: Das Bildschirmlayout ändert sich – und zwar jedes Mal aufs Neue, wenn Sie die DISP-Taste drücken. Insgesamt wechseln Sie mit der DISP-Taste durch fünf verschiedene Anzeigemodi, bevor Sie wieder zum Ausgangspunkt gelangen. Falls sich Ihre RX100 im Wiedergabemodus befindet, wechseln Sie zwischen drei verschiedenen Darstellungsarten. Mehr dazu lesen Sie in Kapitel 9.

Zwischen welchen Darstellungsmodi die DISP-Taste umschaltet, können Sie einstellen. Bevor ich Ihnen zeige, wie (siehe Seite 31), lernen Sie jetzt zunächst einmal die verschiedenen Darstellungsmodi des Aufnahmebildschirms kennen.

Die Darstellungsmodi des Aufnahmebildschirms

◆ Grafikanzeige: zeigt die Werte für Verschlusszeit und Blende auf einer Skala an. Das sieht zwar hübsch aus, bietet jedoch in der Praxis kaum einen Vorteil – ich verwende diese Darstellungsform nie.

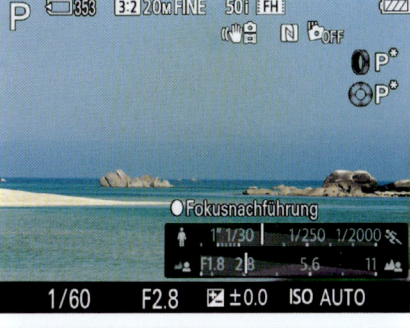

◆ Alle Infos anzeigen: Dieses Bildschirmlayout blendet alle relevanten Informationen ein. Auch solche, die nichts mit Ihrer Aufnahme zu tun haben – etwa die Restkapazität von Akku und Speicherkarte. Sie werden diese Informationen nicht ständig benötigen, aber von Fall zu Fall sind sie wichtig.

◆ **Daten n. anz.:** Auf dem Bildschirm sind nur einige Aufnahmeparameter zu sehen. Bei dieser Darstellung können Sie sich völlig auf das Sucherbild konzentrieren. Ich verwende diese Darstellungsform nicht.

◆ **Neigung:** wie *Daten. n. anz.*, jedoch zusätzlich mit einem künstlichen Horizont/künstlicher Wasserwaage. Meine bevorzugte Darstellung, um die RX100 lotrecht aufs Motiv zu richten.

 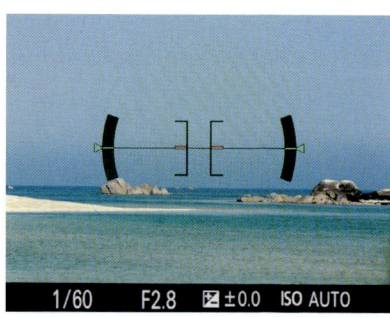

Der Horizont soll waagerecht aufs Bild? Dann richten Sie Ihre RX100 so aus, dass die Mittellinie der Wasserwaage die beiden Dreiecke berührt.

◆ **Histogramm:** ebenfalls ähnlich wie *Daten. n. anz.*, diesmal aber zusätzlich mit einem Live-Histogramm. Wie Ihnen diese Grafik bei der Belichtung hilft, erfahren Sie in Kapitel 4.

Nicht benötigte Displaymodi abschalten

Ihre RX100 bietet Ihnen fünf verschiedene Darstellungsformen für das Display. Direkt ansteuern lässt sich keines der Layouts. Sie müssen so lange mit der DISP-Taste blättern, bis Ihre RX100 das Sucherbild wie gewünscht darstellt. Dabei unterschlägt sie von Haus aus die nützliche Ansicht *Histogramm*. Nehmen Sie diese besser in die Auswahlliste auf, auf *Grafikanzeige* können Sie dagegen getrost verzichten. So gehen Sie vor:

1. Rufen Sie *MENU* > ✿ *1* > *Taste DISP* auf. Ihre RX100 blendet eine Liste mit allen fünf Bildschirmmodi ein.

2. Derzeit mit der DISP-Taste wählbare Modi sind mit einem Haken versehen. Um z. B. den Modus *Grafikanzeige* auszunehmen, steuern Sie ihn an, dann drücken Sie die SET-Taste.

3. Ebenfalls mit der SET-Taste aktivieren Sie ein derzeit deaktiviertes Bildschirmlayout, nachdem Sie es angesteuert haben, z. B. *Histogramm*.

4. Haben Sie alle Bildschirmmodi wie gewünscht ein- oder ausgeschaltet? Dann bestätigen Sie Ihre geänderte Einstellung mit der MENU-Taste.

An meiner RX100 II habe ich der DISP-Taste die hier gezeigten Bildschirmmodi zugeordnet.

Gitternetz und Hilfslinien

Als weitere Orientierungshilfe kann Ihre RX100 auf Wunsch ein Gitternetz ins Sucherbild einblenden. Diese Gitterlinien helfen Ihnen bei der Bildkomposition. Leider lässt sich das Hilfsgitter nicht via DISP-Taste, sondern nur unter *Benutzermenü > Gitterlinien* aktivieren. Hier stehen Ihnen drei verschiedene Raster zur Auswahl.

Rasterlinien helfen Ihnen bei einer ansprechenden Bildkomposition.

Standardmäßig habe ich das Gitter ausgeschaltet, bei Bedarf schalte ich das *3 x 3 Raster* hinzu.

Das Sucherbild Ihrer RX100 zeigt das Standardfotoformat 3:2. Sollten Sie im Menü *Foto-Aufnahme* ein anderes Seitenverhältnis eingestellt haben, sehen Sie das Bild in diesem Format.

Falls Sie nicht im Seitenverhältnis 3:2 aufnehmen (hier: 16:9), dunkelt Ihre RX100 die Ränder auf dem Display entsprechend ab.

2.3.7 So passen Sie die RX100 an Ihre Bedürfnisse an

Ihre RX100 weist fünf Bedienelemente auf, deren Funktion Sie ändern können. Dazu zählen die Fn-Taste, der Steuerring am Objektiv, die Links- und Rechtstaste auf dem Steuerrad sowie die SET-Taste im Zentrum des Steuerrads. Richten Sie diese Bedienelemente ganz nach Ihren Bedürfnissen oder passend zu Ihren bevorzugten Motivwelten ein.

Wenn Sie zum Beispiel öfter Partys fotografieren, werden Sie häufig andere Funktionen benötigen als ein Landschaftsfotograf. Ähnlich verhält es sich, wenn Sie wie ich bevorzugt im RAW-Format aufnehmen – dann benötigen Sie die vielen Effektmöglichkeiten Ihrer RX100 nicht und müssen auch nicht schnell darauf zugreifen können.

> **Ändern Sie jetzt noch nichts**
> Falls Sie sich noch nicht so gut mit Ihrer RX100 auskennen und zunächst einmal dieses Buch gründlich durchlesen möchten, ändern Sie die von Sony vorgegebene Konfiguration der Bedienelemente jetzt besser noch nicht. Ihre Kamera würde sich andernfalls nicht immer so verhalten, wie es hier im Buch (und der Bedienungsanleitung) beschrieben ist.

Unabhängig davon können Sie bis zu drei verschiedene Kamerakonfigurationen speichern, Ihre individuellen Programme rufen Sie bequem über MR auf dem Programmwählrad ab.

Wie gesagt: Es gibt keine generelle Empfehlung, wie Sie die Bedienelemente Ihrer RX100 konfigurieren sollten. Richten Sie Ihre Kamera so ein, dass sie bestens zu Ihnen passt. Die nachstehende Tabelle nennt die Standardvorgabe von Sony sowie meine bevorzugte Konfiguration:

Bedienelement	Standardvorgabe (Sony)	meine Standardvorgabe
Steuer-/Objektivring	Abhängig von Aufnahmemodus	Belichtungskorrektur
Mitteltaste (SET-Taste)	Abhängig von AF-Feld-Vorgabe	Abhängig von AF-Feld-Vorgabe
◄-Taste	Bildfolgemodus	Bildfolgemodus
►-Taste	Blitzmodus	ISO-Empfindlichkeit
Fn-Menü 1	Belichtungskorrektur	Qualität
Fn-Menü 2	ISO-Empfindlichkeit	Fokusmodus
Fn-Menü 3	Weißabgleich	AF-Feld
Fn-Menü 4	DRO/Auto HDR	DRO/Auto HDR
Fn-Menü 5	Bildeffekt	Bildeffekt
Fn-Menü 6	nicht zugewiesen	ISO
Fn-Menü 7	nicht zugewiesen	Blitzkompensation

Funktion der Bedienelemente ändern

Sie weisen den Bedienelementen Ihrer RX100 im *Benutzermenü* neue Funktionen zu. Um zum Beispiel wie ich die Belichtungskorrektur auf den Steuerring zu legen, rufen Sie MENU > ✿ 2 > *Steuerring > Belichtungskorr.* auf.

Ganz ähnlich legen Sie im Menü ✿ *2* per ◀- bzw. ▶-Taste fest, welche Funktionen Sie mit der Vierwegewippe aufrufen möchten.

Die Funktion der Fn-Taste richten Sie unter MENU > ✿ 2 > *Funktionstaste* ein, hier können Sie dann unter *Funktion 1* bis *Funktion 7* die sieben Einstellungsmöglichkeiten Ihres persönlichen Schnellmenüs festlegen.

Weisen Sie dem Steuerring die Funktion der Belichtungskorrektur zu, wenn Sie häufig in die Belichtungsautomatik eingreifen möchten. Die Belichtungskorrektur steht Ihnen nur in den Aufnahmemodi P, A und S zur Verfügung.

Die Fn-Taste bringt ein Schnellmenü mit sieben Einstellungsoptionen aufs Display, hier ist die ISO-Vorgabe ausgewählt. Welche Einstellungsmöglichkeiten Ihr Schnellmenü zeigt, können Sie selbst festlegen.

Beginnen Sie mit dem ersten Posten, der im Schnellmenü angezeigt werden soll:

1. Rufen Sie die Befehlsfolge *MENU* > ✿ 2 > *Funktionstaste* auf. Bestätigen Sie mit der SET-Taste für *OK*.

2. Es erscheint eine Liste, die von *Funktion 1* bis *Funktion 7* reicht. Beginnen Sie mit *Funktion 1* und bestätigen Sie erneut mit *OK*.

3. Ihre RX100 bringt eine weitere Liste aufs Display – sie enthält die 18 Vorgaben, die Sie ins Fn-Menü aufnehmen können. Blättern Sie durch diese Liste, bis der Eintrag *DRO > Auto HDR* markiert ist. Mit *OK* wählen Sie ihn aus.

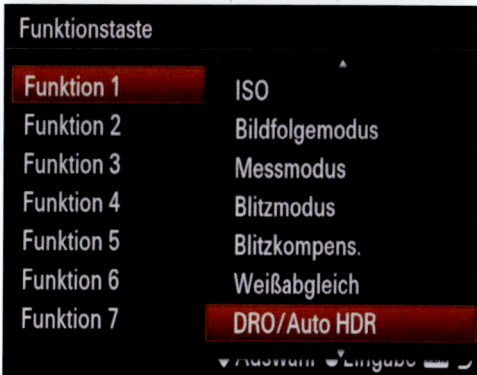

4. Sie gelangen wieder zurück zur Liste der sieben Speicherplätze. Hier wählen Sie nun *Funktion 2*, bestätigen mit *OK* und weisen der zweiten Position in Ihrem Schnellmenü die Funktion *Fokusmodus* zu.

5. Wiederholen Sie die Prozedur für die restlichen fünf Speicherplätze.

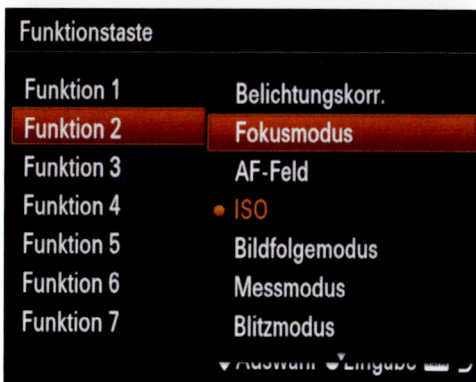

Bevorzugte Kameraeinstellungen speichern

Ihre RX100 wartet mit einer Möglichkeit auf, die es so sonst nur bei semiprofessionellen Systemkameras gibt: Sie können bis zu drei Kamerakonfigurationen speichern und diese dann bequem über die MR-Stellung des Moduswahlrads abrufen.

Ihre Konfiguration der Bedienelemente bleibt davon übrigens unberührt, diese werden unabhängig von Ihren drei Kamera-Setups gespeichert.

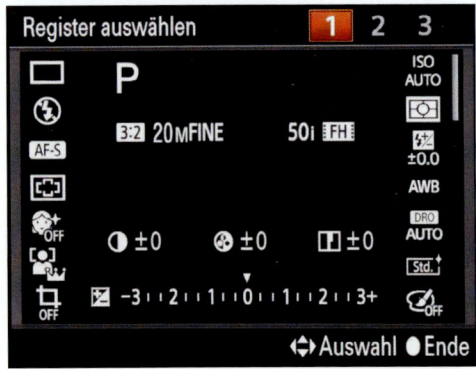

Nachdem Sie den Moduswähler in die Stellung MR gebracht haben, wählen Sie mit der ◄- bzw. ►-Taste den gewünschten Speicherplatz aus und aktivieren die dort hinterlegten Einstellungen mit der SET-Taste.

3

3. Alles automatisch: unbeschwerte Aufnahmen mit Ihrer RX100

Auch wenn die RX100 voll manuell steuerbar ist, liefert sie bereits in den Automatikprogrammen hervorragende Ergebnisse und vereinfacht Ihnen Aufnahmeszenarien wie beispielsweise Panoramen deutlich. Wie Sie beeindruckende Ergebnisse ganz genau erzielen, erfahren Sie im folgenden Kapitel.

»Sie drücken den Auslöser, wir erledigen den Rest« – mit diesem Slogan warb der einstmals stolze Film- und Kamerahersteller Kodak bereits im Jahre 1895. Auch Ihre RX100 kann alles automatisch erledigen, Sie müssen nur noch Ihr Motiv anvisieren und auslösen. Dazu stellen Sie das Moduswahlrad auf i📷 (*Intelligente Automatik*) oder i📷⁺ (*Überlegene Automatik*) ein.

Auch schwierige Motive wie die hell erleuchtete BMW-Welt zur blauen Stunde belichtet die RX100 ohne Ihr Zutun perfekt.

Der Clou bei diesen Vollautomatiken: In der Regel erkennen sie das anvisierte Motiv recht zuverlässig und stellen selbstständig ein geeignetes Motivprogramm ein. Sie können aber auch vorgeben, welche Art von Motiv Sie aufnehmen möchten, und das dafür geeignete Motivprogramm von Hand festlegen (siehe Seite 46). Erfahrene Fotografen wollen vielleicht nur die Belichtung vollautomatisch steuern lassen, dazu dient der Modus P für die Programmautomatik (Sie lernen ihn in Kapitel 4 über richtiges Belichten von der Pike auf kennen).

3.1 Warum gleich zwei Vollautomatiken?

Ganz gleich, ob Sie ein Motivprogramm vorgeben oder diese Entscheidung der Vollautomatik Ihrer RX100 überlassen – das gewählte Programm wird durch ein Symbol links oben auf dem Bildschirm gekennzeichnet.

Achtung bei Verbundaufnahmen

Falls Sie i📷⁺ vorgegeben haben und Ihre RX100 ein Verbundprogramm wählt, erscheint das Symbol ❏⁺ auf dem Display. Halten Sie Ihre Kamera jetzt besonders ruhig, sie wird nicht nur einmal, sondern gleich sechsmal auslösen.

Die *Intelligente Automatik* i📷 und die *Überlegene Automatik* i📷⁺ haben viel gemeinsam. Im Grunde unterscheiden sie sich nur in einer Eigenschaft: Die *Überlegene Automatik* wählt bei Bedarf auch sogenannte Verbundprogramme. Hierbei nimmt Ihre RX100 in sehr rascher Folge mehrere Fotos auf und vereint diese Aufnahmeserie dann zu einem qualitativ deutlich hochwertigeren Bild, als es mit einer einzelnen Aufnahme möglich wäre. Ausführlich werden Sie die Möglichkeiten und Besonderheiten der Verbundprogramme noch im Abschnitt zu den Motivprogrammen ab Seite 54 kennenlernen. Wichtig ist allerdings schon jetzt: Wenn Sie für *Qualität* die Einstellung RAW oder RAW & JPEG vorgegeben haben, wählt Ihre RX100 kein Verbundprogramm.

Von diesem wichtigen Unterschied einmal abgesehen, funktionieren die beiden Vollautomatiken Ihrer RX100 gleich. Dazu gehören diese Optionen bzw. Funktionen:

◆ Beide Automatiken können Sie übersteuern, um etwa ein helleres Foto aufzunehmen oder den Hintergrund in Unschärfe zerfließen zu lassen. Diese praktischen Möglichkeiten werden Sie gleich noch näher kennenlernen (siehe Seite 42).

◆ Sie können stets eine Filmaufnahme starten, ganz gleich, ob Sie aktuell i◙ oder i◙⁺ eingestellt haben. Verbundaufnahmen sind jedoch während der Videoaufzeichnung nicht möglich, Ihre RX100 filmt also mit der Intelligenten Automatik.

◆ Bei beiden Vollautomatiken können Sie vorgeben, ob Ihre RX100 den Blitz automatisch auslöst, das Blitzlicht erzwingen oder es ganz abschalten. Insbesondere die letzte Option ist wichtig, wenn Sie etwa in einer Kirche oder einem Museum fotografieren, wo der Blitzlichteinsatz nicht gestattet ist. Wie Sie die Blitzautomatik einrichten, lesen Sie ausführlich in Kapitel 7.

Und welche der beiden Vollautomatiken ist nun besser geeignet? Wenn Sie keine RAW-Dateien aufzeichnen, geben Sie ruhig der Überlegenen Automatik eine Chance. Ist Ihnen hingegen das größere Nachbearbeitungspotenzial von RAW-Dateien wichtig, nehmen Sie besser die Intelligente Automatik – die Überlegene Automatik wird in diesem Fall sowieso kein Verbundprogramm wählen.

Vollautomatik auch bei Filmaufnahmen
Die Vollautomatiken funktionieren auch bei Filmaufnahmen – naturgemäß mit einigen Einschränkungen. Der Blitz wird beim Filmen nicht ausgelöst, Verbundaufnahmen sind beim Videodreh auch nicht möglich. Sie können jedoch die Funktion *Fotogestaltung* verwenden (siehe Seite 44) – stellen Sie deren Optionen vor dem Start Ihrer Filmaufnahme ein.

3.2 Ihre erste Aufnahme mit der RX100

Jetzt brennen Sie sicherlich darauf, Ihre RX100 endlich auszuprobieren. Wenn Sie noch nicht so viel Erfahrung mit der Kamera oder beim Fotografieren haben, sind die Vollautomatiken genau das Richtige. Suchen Sie sich ein schönes Motiv, dann kann es losgehen:

1. Drehen Sie das Programmwählrad in die Position i✪. Jetzt erledigt Ihre RX100 fast alles automatisch für Sie.

2. Richten Sie die Kamera auf Ihr Motiv und zoomen Sie bei Bedarf ein oder aus. Drücken Sie den Zoomhebel mit dem Zeigefinger nach links, um auszuzoomen. Zum Einzoomen ziehen Sie ihn nach rechts.

3. Tippen Sie leicht auf den Auslöser und halten Sie den Auslöseknopf halb gedrückt. Jetzt passiert zweierlei:

◆ Ihre RX100 misst die Belichtung. Unten im Sucherbild nennt sie die gewählten Werte für (1) Belichtungszeit, (2) Blende und (3) ISO-Zahl. Oben links erscheint zudem ein (4) Symbol – es signalisiert, welches Motivprogramm die Kamera wählt.

◆ Der Autofokus tritt in Aktion und stellt die Entfernung ein. Eine oder mehrere (5) grüne Markierung(en) zeigen, auf welche Partien im Motiv Ihre RX100 scharf gestellt hat. Zudem hören Sie einen Signalton, und unten links erscheint das (6) AF-Bestätigungssymbol.

4. Atmen Sie etwas aus, dann drücken Sie den Auslöser gefühlvoll ganz durch. Ihre RX100 klickt leise, dann ist die Aufnahme im Kasten.

5. Nach der Aufnahme erscheint für ein paar Sekunden das neue Foto auf dem Display oder im Sucher. Werfen Sie einen kurzen Blick darauf, ob alles in Ordnung ist. Dann tippen Sie den Auslöser an, damit Ihre RX100 wieder aufnahmebereit wird.

> **Worauf Ihre RX100 scharf stellt**
> Auf welche Motivpartien Ihre RX100 scharf stellt, signalisieren grüne Rahmen. Erkennt die Kamera Gesichter, fokussiert sie bevorzugt darauf. Natürlich können Sie auch vorgeben, welcher Bildbereich scharf werden soll. Alles dazu lesen Sie in Kapitel 5 übers Scharfstellen.

3.3 Wie Sie die Vollautomatik an Ihre Vorstellungen anpassen

Anders als bei vielen anderen Kameras erlaubt es Ihre RX100, die beiden Vollautomatiken zu übersteuern. Die entsprechende Funktion nennt sich *Fotogestaltung*. Diese Möglichkeiten bietet sie Ihnen, das Bildergebnis an Ihre Vorstellungen anzupassen:

◆ Mit *Helligkeit* sorgen Sie dafür, dass Ihr Foto heller oder dunkler aufgenommen wird. Hellen Sie zum Beispiel Fotos auf, die Sie an einem trüben Wintertag aufnehmen.

Ist Ihre Szene sehr kontrastarm wie bei diesem trüben Winterbild, hellen Sie die Aufnahme besser auf.

Eine warme Farbanmutung (links) lässt viele Motive freundlich wirken, kühle Töne (rechts) empfindet man eher als abweisend.

◆ Unter *Farbe* stellen Sie ein, ob Ihre Aufnahme eine kühlere oder wärmere Anmutung erhält, als die Automatik vorgegeben hätte. Warme Farben wirken insbesondere bei Porträtfotos und Tierporträts ansprechend, kühle Farben betonen technische Motive.

◆ Mit *Lebendigkeit* sorgen Sie für kräftigere oder zurückhaltende Farben im Bild. Bei sehr farbintensiven Motiven (zum Beispiel Blüten) nehmen Sie die Option *Lebendigkeit* besser etwas zurück. Herbstfarben wirken noch intensiver, wenn Sie den Regler ein gutes Stück weit aufdrehen.

Erhöhen Sie die »Lebendigkeit«, um zum Beispiel die Farben einer Landschaft besonders intensiv leuchten zu lassen.

Standardmäßig nehmen die Automatiken ein Porträt derart auf, dass der Hintergrund möglichst unscharf wird (links). Stellen Sie »Hintergr.defokus.« auf »Scharf«, damit auch das Umfeld so detailliert wie möglich mit aufs Foto kommt (rechts).

- Mit *Hintergr.defokus.* stellen Sie ein, ob der Bildhintergrund scharf oder unscharf aufgenommen werden soll. Stellen Sie zum Beispiel für Porträtfotos die Vorgabe auf *Scharf* hoch, wenn Sie die Landschaft im Hintergrund ebenfalls scharf aufnehmen möchten.

- Unter *Effekt* stellen Sie ein, in welcher Weise Ihr Foto verfremdet werden soll. Lassen Sie zum Beispiel Schwarz-Weiß-Bilder entstehen oder Fotos, die aussehen wie mit einer billigen Spielzeugkamera aufgenommen. Bildeffekte bietet Ihnen Ihre RX100 nicht nur bei den Vollautomatiken, sondern auch in nahezu jedem Aufnahmemodus – ab Seite 166 stelle ich Ihnen die Effekte ausführlich vor. Zudem sind Ihre Möglichkeiten in der Fotogestaltung eingeschränkt.

Die Vollautomatiken Ihrer RX100 zu übersteuern, ist kein Hexenwerk – so wird's gemacht:

1. Befindet sich Ihre Kamera im Aufnahmemodus i📷 oder i📷⁺? Drücken Sie die ▼-Taste – Sie gelangen zum Bildschirm *Fotogestaltung*.

2. Unten auf dem Display zeigt Ihre RX100 die fünf Einstellungsmöglichkeiten der *Fotogestaltung* an. Wählen Sie mit den Rechts- oder Linkstasten auf dem Einstellring die Option aus, die Sie ändern möchten. Bestätigen Sie Ihre Wahl mit der zentralen SET-Taste.

Unten auf dem Display listet Ihre RX100 die fünf Möglichkeiten zur »Fotogestaltung« auf. Hier habe ich die »Helligkeit« ausgewählt.

3. Drehen Sie das Steuerrad, um die Vorgabe zu erhöhen bzw. zu reduzieren. Die Skala rechts auf dem Bildschirm symbolisiert Ihre aktuelle Vorgabe.

4. Tippen Sie kurz den Auslöser an, um Ihre Vorgabe zu übernehmen – Ihre RX100 ist augenblicklich aufnahmebereit.

Drehen Sie am Steuerrad, um die aktuell gewählte Vorgabe zu ändern. Hier habe ich die »Helligkeit« in Richtung »Dunkel« korrigiert – Sie sehen die Änderung sofort auf dem Display.

Ihre Vorgaben gelten nur vorübergehend

Alle Ihre Vorgaben unter *Fotogestaltung* gelten nur vorübergehend. Sobald Sie den Aufnahmemodus i📷 oder i📷⁺ verlassen, setzt die RX100 Ihre Änderungen in der *Fotogestaltung* wieder zurück. Das gilt auch, wenn Sie Ihre RX100 ausschalten.

Kontrollieren Sie bei halb gedrücktem Auslöser, ob die Vollautomatik Ihrer RX100 ein Programm gewählt hat, das zu Ihrem Motiv passt. Hier zeigt die Kamera links oben in Grün, dass sie sich für das Makroprogramm entschieden hat.

Sie möchten sich nicht lange mit der Frage aufhalten, wie Sie Ihre RX100 optimal einstellen? Dann liefern die Vollautomatiken in über 90 % der Fälle sehr gute Bildergebnisse ab. Werfen Sie zur Sicherheit stets einen kurzen Blick links oben auf die Display- oder Sucheranzeige: Zeigt die Kamera hier in Grün ein Szenensymbol, das zu Ihrem Motiv passt? Oder hat sie sich vielleicht für das Porträtprogramm entschieden, obwohl Sie eine Landschaft aufnehmen möchten? In diesem Fall können Sie bestimmen, mit welchem Motivprogramm Sie fotografieren möchten.

3.4 So geben Sie das geeignete Motivprogramm vor

Sie wollen sichergehen, dass Ihre RX100 mit einem Programm aufnimmt, das garantiert zu Ihrer Szenerie passt? Dann schreiben Sie Ihrer Kamera vor, mit welchem Programm sie Ihr Motiv fotografieren (oder auch filmen) soll. Zur Wahl stehen 13 verschiedene Motivprogramme, die Sie etwas weiter unten aufgelistet finden. Die frei wählbaren Motivprogramme entsprechen teilweise den Programmen, die auch die beiden Vollautomatiken beherrschen.

Es gibt jedoch auch einige Motivprogramme, die die Vollautomatik nicht wählen kann. Umgekehrt kennen die Vollautomatiken Motivprogramme, die sich nicht frei wählen lassen.

Sie wählen das gewünschte Motivprogramm, nachdem Sie das Moduswahlrad auf *SCN* gestellt haben:

1. Ihre RX100 blendet den Bildschirm *Szenenwahl* ein. Drücken Sie die SET-Taste, um zur Auswahl zu gelangen. Hinweis: Sollte der Bildschirm *Szenenwahl* nicht erscheinen, haben Sie MENU > 🔧 *1* > *Hilfe zum Moduswahlkn.* > *Aus* eingestellt. In diesem Fall verfahren Sie wie in Schritt 3 beschrieben.

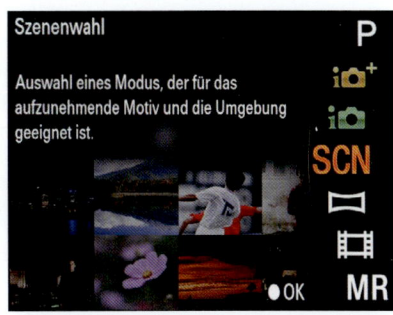

2. Es erscheint eine Liste der zur Verfügung stehenden Motivprogramme. Blättern Sie mit den ▲- oder ▼-Tasten zum gewünschten Eintrag (oder drehen Sie den Steuerring) – hier *Makro*. Sie bestätigen Ihre Eingabe mit der SET-Taste.

3. Falls Ihre RX100 den Bildschirm *Szenenwahl* nicht zeigt, rufen Sie MENU > 📷 *5* > *Szenenwahl* auf und wählen dann das gewünschte Motivprogramm, hier *Makro*.

Die Motivprogramme Ihrer RX100 haben gegenüber den Vollautomatiken auch einen Nachteil: Sie können die Art und Weise, wie Ihre Kamera aufnimmt, wenig beeinflussen. Die Funktion *Fotogestaltung* steht Ihnen bei Motivprogrammen nicht zur Verfügung.

Grob gesagt lassen sich nur die Gesichtserkennung (siehe Seite 55) und der Blitz ein- bzw. ausschalten. In einigen der Motivprogramme können Sie zudem den AF-Modus ändern sowie mit Selbstauslöser fotografieren.

Wenn eine Funktion sich nicht ändern lässt
Falls Sie versuchen, eine Funktion aufzurufen, die beim aktuellen Motivprogramm fest vorgegeben ist, blendet Ihre RX100 eine Fehlermeldung ein.

3.4.1 Frei wählbare Motivprogramme im Überblick

Porträt
Beschreibung: Wählt eine möglichst große Blende für einen unscharfen Hintergrund. Zeichnet Details weich, insbesondere von Hauttönen. Erzeugt eine warme Farbstimmung.
Praxistipp: Funktioniert bei allen Motiven, bei denen es auf einen soften Bildhintergrund ankommt. Sorgen Sie für einen möglichst großen Abstand zwischen Ihrem Motiv und dem Hintergrund.

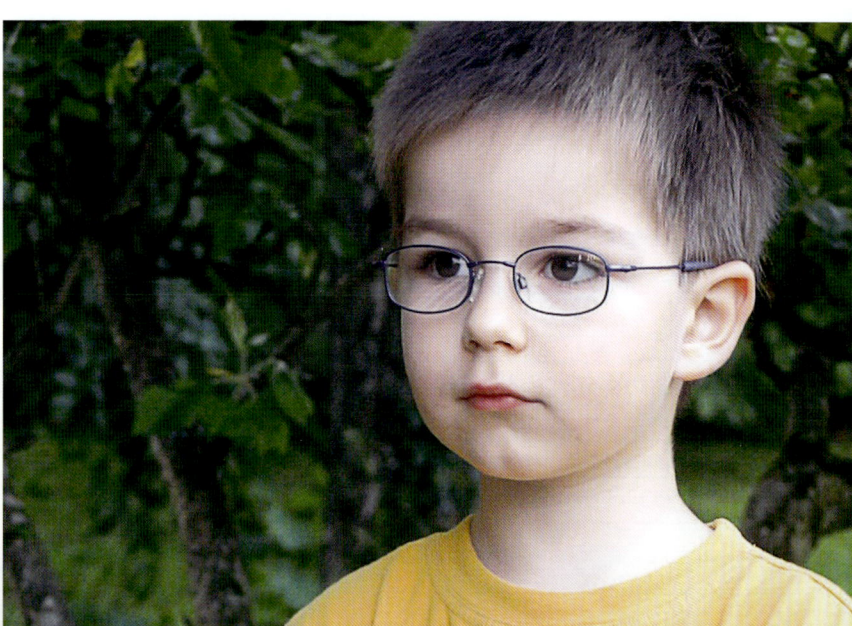

Sportaktion

Beschreibung: Nimmt schneller Bilderserien mit möglichst kurzer Verschlusszeit auf, um Bewegungsunschärfe zu vermeiden. Die Geschwindigkeit der Serienaufnahme lässt sich einstellen, Einzelbildaufnahmen können nicht vorgegeben werden.
Praxistipp: Ideal auch für Schnappschüsse, etwa von Kindern beim Spiel. Nur bei ordentlichen Lichtverhältnissen zu empfehlen (nicht für Indoor/Hallensport).

Landschaft

Beschreibung: Eine möglichst kleine Blende sorgt für eine Aufnahme, die vom Vorder- bis zum Hintergrund scharf ist. Farbsättigung und Kontrast sind leicht erhöht.
Praxistipp: Wählen Sie *Landschaft* für alle Motive, die eine große Schärfentiefe erfordern – jedoch nicht für Nahaufnahmen (*Makro*).

Tiere

Beschreibung: Öffnet die Blende weit und wählt eine kurze Verschlusszeit, um Bewegungen einzufrieren.

Praxistipp: Alternative zum Programm *Sportaktion*, wenn keine Serienaufnahmen erwünscht sind.

Gourmet

Beschreibung: Stimmt den Weißabgleich warm ab. Sorgt so für warme und zurückhaltende Farben.

Praxistipp: Probieren Sie das Programm *Gourmet* für alle Motive, die Sie warm wiedergeben möchten.

Makro

Beschreibung: Stellt auf das Motiv scharf, das der Kamera am nächsten ist. Eine weit geöffnete Blende softet den Hintergrund ab. Hat keinen Einfluss auf die Naheinstellgrenze des Objektivs.

Praxistipp: Ideal, um kleine Motive groß herauszubringen. Wenn eine große Schärfentiefe gewünscht ist, eignet sich das Programm *Landschaft* besser.

Sonnenuntergang

Beschreibung: Ändert Weißabgleich und Sättigung, um Rot- und Orangetöne zu betonen. Eine kleine Blende sorgt für große Schärfentiefe.

Praxistipp: Eignet sich für Aufnahmen, bei denen warme Farben sowie kräftige Rot- und Orangetöne gewünscht sind.

Nachtszene

Beschreibung: Einfaches Programm für Aufnahmen bei schlechtem Licht.

Praxistipp: Das Verbundprogramm *Handgehalten bei Dämmerung* oder *Nachtaufnahme* sind die bessere Wahl.

Nachtaufnahme

Beschreibung: Löst den Blitz im Modus *Langzeitsynchronisation* aus. Steuert die Belichtungszeit derart, dass der nicht vom Blitzlicht erfasste Bildhintergrund ebenfalls korrekt belichtet wird.

Praxistipp: In dunkler Umgebung ist ein Stativ zu empfehlen, ansonsten besteht Verwacklungsgefahr. Die Kamera wählt eine lange Belichtungszeit, um auch das dunkle Umfeld korrekt zu belichten.

Feuerwerk

Beschreibung: Steuert eine lange Belichtungszeit, um die Leuchtspuren eines Feuerwerks aufzuzeichnen.

Praxistipp: Stativ auf festem Untergrund (keine Brücke o. Ä.) unbedingt zu empfehlen.

Hohe Empfindlichkeit

Beschreibung: Legt die Priorität auf eine kurze Verschlusszeit, um Bewegungsunschärfe zu vermeiden. Der Blitz wird nicht ausgelöst, die Kamera erhöht u. U. die ISO-Zahl stark.

Praxistipp: Empfohlen bei Actionmotiven unter schlechten Lichtverhältnissen (z. B. Party). Unter Umständen zwingt eine hohe ISO-Zahl die Kamera zu starker Rauschunterdrückung, was sich in weichen Bildern äußert.

Handgehalten bei Dämmerung

Beschreibung: Verbundprogramm, Blitz und RAW sind nicht möglich. Nimmt eine Serie von sechs Fotos auf, die zu einem rauscharmen Bild kombiniert werden. Alle sechs Einzelbilder werden gemittelt und gleichermaßen für die Verbundaufnahme verwendet. Wählt Verschlusszeit, die auch bei Aufnahmen aus der Hand meistens verwacklungsfrei bleiben, und erhöht ISO-Zahl entsprechend.

Praxistipp: Erste Wahl, um bei schlechten Bildverhältnissen Bildrauschen durch eine hohe ISO-Zahl zu vermeiden, etwa bei Nachtaufnahmen. Nicht so gut geeignet für Motive, die sich bewegen (Gefahr von Geisterbildern). Für beste Ergebnisse Kamera auf Stativ montieren oder wenigstens sicher abstützen.

So funktioniert die Rauschunterdrückung im Programm »Handgehalten bei Dämmerung«: Die RX100 nimmt in rascher Folge sechs Fotos auf, die durchaus verrauscht sein können (links). Diese sechs Aufnahmen werden dann von der Kamera derart zu einem Bild verschmolzen, dass das Rauschen verschwindet (rechts).

Anti-Bewegungs-Unschärfe

Beschreibung: Verbundprogramm. Nimmt eine Serie von sechs Fotos auf, die zu einem rauscharmen Bild kombiniert werden. Einzelbilder werden unterbelichtet, um möglichst kurze Verschlusszeiten zu erzielen und so Bewegungsunschärfe zu vermeiden.

Praxistipp: Nicht ganz so wirkungsvolle Rauschunterdrückung wie mit *Handgehalten bei Dämmerung*. Bevorzugt bei Motiven verwenden, die sich nicht (zu schnell) bewegen.

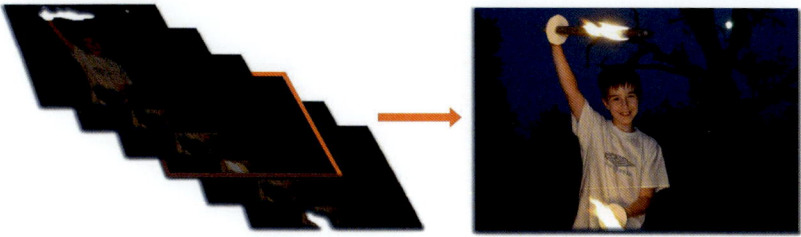

»Anti-Bewegungs-Unschärfe« unterdrückt das Rauschen ebenfalls per Mehrfachaufnahme. Hier werden die Einzelbilder indes deutlich unterbelichtet aufgenommen, um möglichst kurze Verschlusszeiten zu erzielen und so Bewegungsunschärfe zu vermeiden. Für die Verbundaufnahme addiert der Bildprozessor Ihrer RX100 die Einzelaufnahmen dann zusammen. Kann die Automatik einzelne Bildpartien nicht deckungsgleich übereinanderlegen, weil sie sich während der Bilderserie bewegt haben (hier die Flammen der Fackel), übernimmt sie diesen Bereich nur aus einem einzelnen Foto der Serie (hier orange eingerahmt).

3.5 Bessere Porträtfotos mit der automatischen Gesichtserkennung

Völlig unabhängig von den Motivautomatiken wartet Ihre RX100 noch mit einer weiteren Automatikfunktion auf: Sie kann Gesichter erkennen und automatisch darauf scharf stellen. Das ist aber noch nicht alles: Ihre RX100 bietet sogar eine Gesichtswiedererkennung, die bis zu acht Gesichter identifiziert, sofern Sie die entsprechenden Porträts zuvor registriert haben – dazu gleich mehr.

Zudem können Sie Ihre RX100 so einrichten, dass sie automatisch auslöst, wenn ein erkanntes Gesicht auch ein Lächeln zeigt. Und mehr noch: Auf Wunsch schneidet die RX100 ein Porträtfoto auto-

Dank der automatischen Gesichtserkennung Ihrer RX100 gelingen Ihnen Porträt- und Personenfotos perfekt, ohne dass Sie sich um viel kümmern müssen.

> **Gesichtserkennung stets aktivieren**
> Es gibt kaum einen Grund, die Gesichtserkennung nicht eingeschaltet zu lassen. Zumal einige Motivprogramme sowie die Vollautomatiken die Unterstützung durch die Gesichtserkennung benötigen, um ihre volle Leistung zu entfalten. Außerdem hilft die Gesichtserkennung Ihrer RX100, das Blitzlicht korrekt zu dosieren.

matisch derart zu, dass es nach den Regeln des Goldenen Schnitts aufgebaut ist – bei der RX100 II funktioniert das sogar bei weiteren Motiven. Last, but not least können Sie Ihrer RX100 auch noch vorgeben, dass sie den Teint im Porträtfoto automatisch besonders soft und ansprechend wiedergibt.

Wie gesagt: Alle Funktionen rund um die automatische Gesichtserkennung lassen sich unabhängig vom gewählten Aufnahmemodus ein- oder ausschalten. Allerdings stehen eine Reihe von Funktionen und Automatiken nur zur Wahl, wenn Sie die Gesichtserkennung nicht ausgeschaltet haben. Dazu gehören zum Beispiel der *Soft-Skin-Effekt*, das automatische Fokussieren auf ein Gesicht oder die automatische Blitzbelichtungssteuerung bei Porträtaufnahmen. Das gilt insbesondere auch für die Vollautomatiken und Motivprogramme – sie funktionieren unter Umständen nicht wie geplant, wenn Sie die Gesichtserkennung deaktiviert haben. Die Gesichtserkennung wird automatisch abgeschaltet, wenn Sie den Smart-Zoom oder Digitalzoom verwenden (siehe Seite 69).

3.5.1 Gesichtserkennung in der Fotopraxis

Die Gesichtserkennung meldet sich, sobald Sie Ihre RX100 auf eine Person oder auch auf eine kleine Menschengruppe richten und den Auslöser halb durchdrücken: Ein oder gleich mehrere Porträts im Bildausschnitt werden eingerahmt, vielleicht sogar in verschiedenen Farben. Das signalisieren die Farbrahmen:

◆ Ein grauer Rahmen erscheint, wenn Ihre RX100 ein einzelnes Gesicht im Bildausschnitt entdeckt hat.

Bessere Porträtfotos mit der automatischen Gesichtserkennung 57

◆ Befinden sich mehrere Personen im Bildausschnitt, markiert die Kamera das Gesicht weiß, auf das sie scharf stellt. Die übrigen Porträts bleiben grau eingerahmt.

Hier hat die RX100 drei Gesichter erkannt und eingerahmt. Der weiße Rahmen signalisiert, auf welches Gesicht die Kamera Fokus und Belichtung ausrichtet.

◆ Das Gesicht, auf das Ihre RX100 erfolgreich scharf stellen konnte, wird nach einem kurzen Augenblick grün eingerahmt.

◆ Kann die Kamera kein Gesicht erkennen, zeigen die üblichen grünen Fokusfelder, auf welche Motivpartie(en) sie scharf stellt.

Ein grüner Rahmen zeigt Ihnen, auf welches Antlitz Ihre RX100 scharf gestellt hat.

Welches Gesicht Ihre RX100 bevorzugt

Erkennt Ihre RX100 mehrere Gesichter, hängt es von verschiedenen Faktoren ab, auf welches Antlitz sie scharf stellt. Wenn Sie bereits Porträts für die Gesichtswiedererkennung hinterlegt haben (siehe Seite 59), werden bekannte Gesichter stets bevorzugt. Sind mehrere bekannte Konterfeis im Sucher, richtet die RX100 ihre Präferenz nach der Reihenfolge aus, in der Sie bekannte Gesichter registriert haben. Kann die RX100 kein bekanntes Gesicht ausmachen, wählt sie in der Regel das Antlitz, das der Kamera am nächsten ist. Kontrollieren Sie bei der Aufnahme einer Personengruppe auf alle Fälle, dass das richtige Gesicht in der Menge grün eingerahmt ist. Falls nicht: Schwenken Sie die Kamera etwas und drücken Sie den Auslöser erneut halb herunter. Mit etwas Glück entscheidet sich die RX100 jetzt für ein anderes Gesicht. Dann schwenken Sie die Kamera bei weiterhin halb gedrücktem Auslöser wieder auf Ihren ursprünglich gewählten Bildausschnitt zurück.

In diesen Situationen hat die Gesichtserkennung Probleme

In einigen Fällen kann es passieren, dass Ihre RX100 kein Gesicht im Bildausschnitt findet, obwohl Sie die Gesichtserkennung eingeschaltet haben. Die folgenden Situationen bereiten der Automatik Schwierigkeiten:

◆ Die Erkennung funktioniert am besten bei Gesichtern, die Ihnen direkt zugewandt sind. Je weiter eine Person aus dem Bild hinausschaut, desto unzuverlässiger arbeitet die Gesichtserkennung.

◆ Auch geschlossene Augen oder ein ungewöhnlicher Gesichtsausdruck können die Automatik aus dem Tritt bringen.

◆ Probleme bereiten Gesichter, die teilweise verdeckt sind – zum Beispiel von einem tief in die Stirn gezogenen Hut bzw. einer Mütze oder Sonnenbrille.

◆ Die Gesichtserkennung erwartet außerdem, dass ein Konterfei den Bildausschnitt zu einem guten Teil ausfüllt. Ist eine Person nur sehr klein im Sucher zu sehen, findet die Automatik sie unter Umständen nicht.

3.5.2 Wie nützlich sind Gesichtswiedererkennung und Lächelauslöser?

Standardmäßig ist die Gesichtswiedererkennung an Ihrer RX100 eingeschaltet. Das bedeutet, die Kamera erkennt bevorzugt Porträts, die Sie vorab registriert haben. Bis zu acht Gesichter können Sie für diese Funktion in Ihrer RX100 hinterlegen. Sollte die Kamera eines der registrierten Gesichter im Sucherbild erkennen, stellt sie darauf vorrangig scharf, etwa bei Gruppenaufnahmen.

So praktisch sich das auf den ersten Blick anhört – die Funktion hat durchaus ihre Tücken. Wenn Sie zum Beispiel auf einer Party fotografieren, werden fast nur die Personen scharf abgebildet, die Ihre RX100 wiedererkannt hat – die anderen Partygäste werden sich bedanken, dass es keine scharfe Aufnahme von ihnen gibt! Hinzu kommt: Zuverlässig arbeitet die Gesichtswiedererkennung nur, wenn ein registriertes Porträt das Sucherbild mindestens zu etwa einem Drittel ausfüllt.

Wenn Sie die Funktion jedoch nutzen möchten, richten Sie sie zunächst ein. So wird's gemacht:

1. Richten Sie Ihre RX100 auf ein Antlitz, das Sie registrieren möchten. Achten Sie darauf, dass die Kriterien für eine sichere Funktion der Gesichtserkennung erfüllt sind (siehe Seite 56). Notfalls können Sie auch ein Porträtfoto als Vorlage verwenden. Dann rufen Sie die Befehlsfolge *MENU* > ✿ *3* > *Gesichtsregistrierung* > *Neuregistrierung* auf.

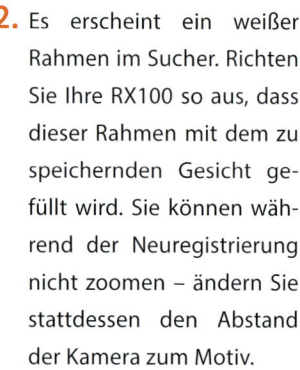

2. Es erscheint ein weißer Rahmen im Sucher. Richten Sie Ihre RX100 so aus, dass dieser Rahmen mit dem zu speichernden Gesicht gefüllt wird. Sie können während der Neuregistrierung nicht zoomen – ändern Sie stattdessen den Abstand der Kamera zum Motiv.

Achten Sie darauf, dass das gewünschte Porträt den weißen Rahmen möglichst vollständig ausfüllt. Sie können es auch von einem Foto oder wie hier von einem Monitor abfotografieren.

3. Passt das Porträt perfekt in den Rahmen? Dann drücken Sie den Auslöser. Wenn alles glattgegangen ist, ist das Konterfei nun registriert.

Falls Ihre RX100 das Gesicht erkannt hat, drücken Sie die SET-Taste, um es zu registrieren.

Ihre RX100 kann nicht nur auf erkannte oder identifizierte Gesichter scharf stellen, sie hat noch mehr drauf: Auf Wunsch löst die Kamera automatisch eine Aufnahme aus, sobald sie erkannt hat, dass eine Person freundlich lächelt. Sie brauchen also nicht zu warten, bis ein Lächeln übers Gesicht huscht, und dann schnell auslösen – diesen Job übernimmt Ihre RX100: Sie löst automatisch aus, sobald sie ein Lächeln erkannt hat.

Aber auch diese Automatik hat so ihre Tücken: Sie interpretiert bisweilen auch angewidert herabgezogene Mundwinkel oder nachdenklich geschürzte Lippen als Lächeln. Wenig hilfreich ist der Lächelauslöser zudem bei Gruppenaufnahmen: Er reagiert bereits, wenn er ein einziges lächelndes Gesicht findet, und löst sogleich die Aufnahme aus. Dabei möchte man doch, dass ausnahmslos alle Personen der Gruppe freundlich in die Kamera blicken!

In der Standardeinstellung ist das Auslösen bei Lächeln deaktiviert. Falls Sie die Funktion verwenden möchten, schalten Sie mit MENU > ◘ 2 > Lächel- > Ges.-Erk. ein. Dann legen Sie mit den Tasten ◄ bzw. ► fest, ob der Lächelauslöser bereits bei einem leichten Grinsen oder erst bei einem herzhaften Lacher reagieren soll.

3.5.3 Vollautomatisch: Porträts besser komponieren

Wenn Sie ein Porträt exakt in der Bildmitte anordnen, sieht das meistens langweilig aus. Rücken Sie das Gesicht besser etwas zum Bildschirmrand, dabei helfen Ihnen einblendbare Gitterlinien (siehe Seite 31).

Wenn Sie sich nicht sicher sind, wie Sie Ihre Porträtaufnahme gestalten sollen, kann Ihnen Ihre RX100 unter die Arme greifen. Dazu schalten Sie an Ihrer RX100 MENU > ◘ 2 > Autom. Portr.-Rahm. > Auto ein. An der RX100 II wählen Sie MENU > ◘ 2 > Automat. Rahmung > Auto.

Links: Hier habe ich die Kamera zentral auf das Gesicht gerichtet – die Porträtaufnahme wirkt langweilig wie ein Passbild. Rechts: Lassen Sie das Gesicht besser aus dem Bildzentrum zur Seite wandern und platzieren Sie es oberhalb der Bildmitte. So wirken Porträtfotos deutlich spannender. Die Gesichtserkennung sorgt dafür, dass Ihre RX100 automatisch auf das Konterfei scharf stellt – ganz gleich, an welcher Position im Sucher es zu sehen ist.

Wenn Sie nun Ihre RX100 auf ein Porträt richten und auslösen, wird das Bild zweimal gespeichert: einmal mit dem Bildausschnitt, den Sie gewählt haben. Und in einer weiteren Variante, die Ihre RX100 zugeschnitten hat. Welchen Ausschnitt aus dem Original die Kamera gewählt hat, kennzeichnet sie bei der Aufnahmekontrolle mit einem weißen Rahmen.

Beim Zuschnitt hält sich die Automatik an ein paar Gestaltungsregeln – etwa daran, dass die Nasenwurzel möglichst auf den Rasterlinien eines 3 x 3-Rasters liegen sollte. Notfalls nimmt die Automatik nur einen Ausschnitt aus Ihrem Bild, um ihre Kompositionsregeln einhalten zu können.

Diesen Regeln folgt die Zuschnittautomatik Ihrer RX100: Die Nasenwurzel landet auf einem der beiden oberen Schnittpunkte der Hilfslinien.

Die RX100 II beherrscht den automatischen Zuschnitt nicht nur bei Porträts, sondern bei allen Motiven, die sich deutlich von ihrem Umfeld abheben. Bei beiden RX100-Schwestern steht sie im Zusammenhang mit einer Reihe von Funktionen nicht zur Verfügung, etwa wenn Sie im RAW-Format aufzeichnen, bei Serienbildern oder wenn die automatische Gesichtserkennung abgeschaltet ist. Ich benutze die Zuschnittautomatik nie, halte sie aber für einen guten Einstieg, um sich mit dem Thema Bildkomposition vertraut zu machen.

3.5.4 Zaubern Sie einen makellosen Teint in Ihre Porträtfotos

In der Regel soll Ihre RX100 ja so scharf und detailreich aufnehmen, wie es möglich ist. Bei Porträtfotos stört aber eine allzu detaillierte Aufnahme bisweilen – wer möchte schon, dass jedes Fältchen, jede Hautunreinheit messerscharf hervortritt?

Ihre RX100 zaubert auf Wunsch einen nahezu makellosen Teint. Dazu rufen Sie *MENU* > ◻ *2* > *Soft-Skin-Effekt* auf, die Stärke des Effekts stellen Sie dann mit den Tasten ◀ bzw. ▶ ein. Zur Auswahl stehen die Stufen *HI* (hoch), *MID* (mittel) und *LO* (niedrig).

Die automatische Hautretusche lässt sich nur einschalten, wenn Sie die Gesichtserkennung aktiviert haben und nicht im RAW-Format aufzeichnen. Sie arbeitet ferner nicht mit Reihenaufnahmen zusammen und auch nicht mit Verbundprogrammen. Wie gut der Effekt zur Geltung kommt, hängt von einigen Faktoren ab. Bei sehr weichem Licht werden Sie vielleicht gar keine Wirkung wahrnehmen. Ebenso nicht, wenn Sie Kinder oder Teenager fotografieren.

Links: Ihre RX100 bildet dermaßen scharf und detailreich ab, dass es Porträtaufnahmen nicht immer gut tut. Rechts: Mit dem »Soft-Skin-Effekt HI« wirkt der Teint ansprechend glatt und weich (Foto: Sven Hustede).

Falls die Szenerie zu breit für ein einzelnes Foto ist, nehmen Sie doch ein »Schwenk-Panorama« auf.

3.6 Wenn die Szene nicht aufs Bild passt: Panoramafoto aufnehmen

Die Landschaft vor Ihnen ist so weit, dass Sie sie keineswegs auf eine einzelne Aufnahme bannen können? Dann nehmen Sie die Szenerie doch als Breitbild auf. Dazu dient das Sonderprogramm *Schwenk-Panorama,* es funktioniert denkbar einfach: Sie schwenken Ihre RX100 bei gedrücktem Auslöser über die Szenerie; währenddessen nimmt die Automatik eine Bilderserie auf, die sie anschließend zu einem eindrucksvollen Breitbild zusammensetzt. Das funktioniert sogar, wenn ein Kirchturm oder Berg selbst für ein Hochformatfoto viel zu mächtig vor Ihnen aufragt. In diesem Fall schwenken Sie eben vertikal über die Szene und erhalten ein Hochformatpanorama.

3.6.1 Panorama mit einem Schwenk aufnehmen – so wird's gemacht

Eine Panoramaaufnahme ist schnell eingerichtet und gestartet:

1. Stellen Sie das Moduswahlrad auf ▭ *Schwenk-Panorama* ein. Bestätigen Sie die Wahl des Programms *Schwenk-Panorama* mit der SET-Taste – dann kann es losgehen.

2. Standardmäßig geht Ihre RX100 davon aus, dass Sie die Kamera während der Panoramaaufnahme von links nach rechts schwenken. Falls Sie eine andere Schwenkrichtung brauchen, rufen Sie MENU ◘ 1 > *Panorama: Ausricht.* auf, dann geben Sie die gewünschte Schwenkrichtung vor – z. B. *Abwärts*.

3. Richten Sie Ihre RX100 auf den linken Rand der Szenerie aus. Im Sucherbild zeigt ein Pfeil, in welche Richtung Sie Ihre RX100 gleich schwenken müssen. Zudem wird ein Teil des Sucherbildes abgedunkelt, dieser Ausschnitt gelangt nicht mit auf Ihr Panoramabild.

Richten Sie Ihre RX100 aus. Der abgedunkelte Bereich links kommt nicht mit aufs Panoramabild.

4. Drücken Sie den Auslöser ganz durch und halten Sie ihn gedrückt – die Aufnahmeserie startet.

Ein Fortschrittspfeil zeigt, in welche Richtung Sie Ihre Kamera schwenken müssen.

Einzoomen nicht möglich

Sobald Sie die Funktion *Schwenk-Panorama* aktivieren, fährt Ihre RX100 den Zoom automatisch in die Weitwinkelstellung zurück. Ändern lässt sich das nicht, Schwenk-Panoramen nimmt die RX100 stets mit der kürzesten Brennweite des Zoomobjektivs auf.

Wenn der Pfeil am Ende des Balkens angelangt ist, nehmen Sie den Finger vom Auslöser, um die Aufnahmeserie zu beenden.

5. Schwenken Sie Ihre RX100 bei weiterhin gedrücktem Auslöser gleichmäßig über die Szenerie. Beenden Sie die Aufnahme, wenn der Pfeil am rechten Rand der Skala angelangt ist.

Sie werden wahrscheinlich ein bisschen üben müssen, bis Sie das Verfahren perfekt beherrschen. Wichtig ist vor allem: Schwenken Sie Ihre Kamera, bis der Pfeil am Ende des Balkens angelangt ist – auch, wenn Ihr Panorama gar nicht so breit werden soll (Sie können die Panoramagröße vorgeben, dazu gleich mehr). Halten Sie auch den Auslöser so lange durchgedrückt, bis der Fortschrittspfeil am Ende des Balkens anschlägt.

3.6.2 Größe der Panoramadatei

Ihre RX100 kann ein Schwenk-Panorama in verschiedenen Größen und Seitenverhältnissen aufnehmen. In welchem Format Ihr Panorama aufgenommen wird, hängt von Ihren Vorgaben und der Vorgehensweise ab:

◆ Unter *MENU* > 📷 *1* > *Panorama: Größe* stehen Ihnen die Optionen *Standard* und *Breit* zur Auswahl.

◆ Das Seitenverhältnis Ihrer Panoramaaufnahme hängt zudem davon ab, ob Sie Ihre RX100 im Hoch- oder Querformat über die Szenerie schwenken.

Bildmaße bei Schwenk-Panorama

Vorgabe	Standard		Breit	
Ausrichtung der Kamera	quer	hoch	quer	hoch
Breite (Pixel)	8.192	3.872	12.416	5.536
Höhe (Pixel)	1.856	2.160	1.856	2.160
Auflösung (Megapixel)	15,2	8,4	23,0	12,0

Praxisempfehlung zum Seitenverhältnis

Für meinen Geschmack wirken Panoramafotos mit 1.856 Pixeln Höhe zu sehr wie ein schmales Band. Ich nehme Schwenk-Panoramen daher bevorzugt mit der Vorgabe *Breit* auf und halte die RX100 im Hochformat. So erhalte ich Panoramabilder in der Größe 5.536 x 2.160 Pixel – dieses Seitenverhältnis finde ich perfekt.

Ihre RX100 erkennt übrigens selbstständig, dass sie im Hochformat gehalten wird. Ihre Vorgaben unter *Panoramarichtung* gelten weiterhin.

Die Dimensionen Ihres Panoramas legen Sie zum einen unter »Panorama: Größe« fest, aber auch durch die Ausrichtung Ihrer Kamera: Bei den oberen zwei Aufnahmen wurde die Kamera im Querformat geschwenkt, zunächst mit der Vorgabe »Breit«, dann mit »Standard«. Die unteren beiden Reihen zeigen das Ergebnis bei hochkant geschwenkter Kamera, wieder zunächst »Breit«, dann »Standard«.

3.6.3 Wie Ihr Schwenk-Panorama perfekt gelingt

Die Automatik *Schwenk-Panorama* nimmt Ihnen viel Arbeit ab – Arbeit, die Sie sonst damit hätten, Ihre Einzelbilder am Rechner zu einem Panorama zusammenzusetzen. Allerdings ist die *Schwenk-Panorama*-Funktion etwas unhandlich, zudem eignet sie sich nicht für jedes Motiv gleichermaßen. Wenn Sie die folgenden Tipps beherzigen, liefert Ihre RX100 perfekte Schwenk-Panoramen:

◆ Actionmotive eignen sich nicht. Nehmen Sie nur statische Motive als Schwenk-Panorama auf, z. B. eine ruhige Landschaft oder eine weitläufige Gebäudefront. Problematisch sind Motivteile, die während der Aufnahme ihre Position ändern. Fährt etwa ein Auto durchs Bild oder springt plötzlich ein Passant in den Bildausschnitt, können kuriose Geisterbilder entstehen.

◆ Vermeiden Sie auch Motive mit Objekten im Bildvordergrund. Sie wandern nämlich beim Schwenken mit einer anderen Geschwindigkeit durchs Sucherbild als weit Entferntes. So kann es passieren, dass die schöne Blume im Vordergrund gleich zweimal aufs Bild gelangt.

◆ Beim Schwenk-Panorama fixiert Ihre RX100 die Belichtung auf das erste Bild der Serie. Beginnen Sie daher Ihren Schwenk nicht auf der Seite, die deutlich heller oder dunkler ist als der Rest der Szenerie. Vergessen Sie nicht, gegebenenfalls unter *MENU > ◘ 1 > Panorama: Ausrichtung* die Schwenkrichtung anzupassen.

◆ Richten Sie Ihre Kamera lotrecht aus, also so, dass der Horizont exakt waagerecht durchs Bild läuft. Eine verkippte Kamera zieht meist wellenförmige Panoramabilder nach sich.

◆ Schwenken Sie möglichst waagerecht (bzw. senkrecht bei einem Vertikalpanorama). Wenn Sie eher diagonal über die Szenerie schwenken, wird Ihr Panorama unter Umständen schief oder ebenfalls wellig.

◆ Der Drehpunkt der Schwenkbewegung sollte möglichst innerhalb Ihrer Kamera liegen. Das ist schwieriger, wenn Sie Ihren Panoramaschwenk auf dem Display kontrollieren. Am besten gelingt es, wenn Sie ein Einbeinstativ verwenden.

Vermeiden Sie es, Ihre Kamera während des Panoramaschwenks zu verkippen (rote Linie). Sie erhalten sonst einen welligen Horizont. Schwenken Sie besser mit exakt waagerecht gehaltener Kamera (grüne Linie), dabei hilft bereits ein Einbeinstativ. Dann bleibt auch der Horizont im Lot.

3.7 Digitalzoom – das Fernglas Ihrer RX100

Ihre RX100 zoomt bezogen auf das Kleinbildformat vom Weitwinkel mit 28 mm Brennweite bis zum leichten Tele mit 100 mm. Sie erfassen also wahlweise mit Ihrer RX100 einen größeren Raum als mit den Augen oder holen Entferntes näher heran. Allerdings nicht sonderlich nah, denn bei maximalem Zoom vergrößern Sie nur um den Faktor 2.

Das Objektiv Ihrer RX100 zoomt vom Weitwinkel mit 28 mm Brennweite (oben) bis in den leichten Telebereich mit 100 mm (unten).

Noch näher heranzoomen können Sie mit dem Digitalzoom Ihrer RX100. Dazu gibt es drei Möglichkeiten, die Sie teilweise miteinander kombinieren können:

◆ Sie geben unter MENU > ◘ 1 > *Bildgröße* nicht *L* vor. Jetzt verlängert der Digitalzoom bei der Vorgabe *M* die Brennweite scheinbar um das Doppelte, mit der Bildgröße *S* erhalten Sie sogar einen digitalen Vierfachzoom. Allerdings sinkt die Dateigröße entsprechend Ihren Vorgaben für die *Bildgröße*.

Mit »Klarbild-Zoom« verdoppeln Sie die Brennweite, Ihre RX100 nimmt einfach einen Bildausschnitt, den sie hochskaliert.

◆ Sie schalten MENU > ◘ 4 > *Klarbild-Zoom* ein. Jetzt verlängert sich die maximale Zoombrennweite bei der Bildgröße *L* auf 200 mm, bei Bildgröße *S* sind es sogar 400 mm. Sie erhalten Dateien in der Größe, die Sie unter *Bildgröße* eingestellt haben.

Der »Digitalzoom« verdoppelt die Zoomreichweite abermals, jedoch mit sichtbar eingeschränkter Bildqualität.

◆ Abermals verdoppeln Sie den Zoombereich, wenn Sie zusätzlich zum Klarbild-Zoom auch noch MENU > 📷 4 > Digitalzoom einschalten.

Was sich zunächst recht clever anhört, hat in der Praxis allerdings so seine Tücken: Jede Form des Digitalzooms verschlechtert die Bildqualität merklich! Und zwar umso mehr, je stärker Sie Ihre RX100 das Bild vergrößern lassen. Daher mein Tipp: Lassen Sie Klarbild-Zoom und Digitalzoom besser ausgeschaltet – Sie können immer noch mit einem Bildbearbeitungsprogramm nachträglich einen entsprechenden Ausschnitt aus Ihrer Aufnahme herausnehmen und diesen gegebenenfalls vergrößern.

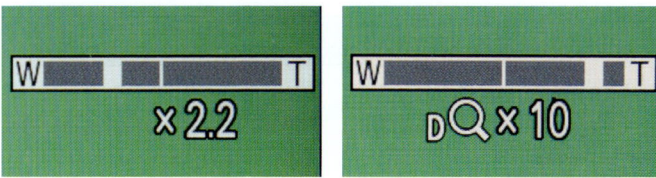

Wenn Sie Klarbild-Zoom und/oder Digitalzoom einschalten, kennzeichnet Ihre RX100 den maximalen Zoomfaktor, der sich mit dem Objektiv einstellen lässt, durch einen Strich auf der Skala. Links habe ich nur optisch gezoomt, die Markierung befindet sich in der linken Hälfte der Zoomskala. Rechts habe ich den Digitalzoom zur Hilfe genommen, die Markierung ist weit in die rechte Hälfte der Skala gewandert.

Den digitalen Zoom Ihrer RX100 sollten Sie wirklich nur verwenden, wenn Sie schnell ein entsprechend weit herangezoomtes Bild benötigen und damit leben können, dass die Bildqualität dabei deutlich abnimmt (etwa für Fotos, die Sie nur am Bildschirm zeigen möchten). Sie können Digitalzoom und Klarbild-Zoom nicht mit einer Reihe anderer Vorgaben kombinieren – die wohl wichtigste Einschränkung: Aufnahmen im RAW-Format sind damit nicht möglich, auch die Gesichtserkennung funktioniert dann nicht.

> **Digitalzoom bei Filmaufnahmen immer aktiv**
>
> Bei Filmaufnahmen können Sie immer digital ins Bild zoomen – selbst wenn Sie Klarbild-Zoom und Digitalzoom ausgeschaltet haben. Da Videoclips deutlich niedriger aufgelöst sind, spielt hier der Verlust an Bildqualität keine so große Rolle. Allerdings funktioniert der Autofokus beim Digitalzoom nicht so gut, außerdem steigt die Gefahr, dass Sie Ihre Aufnahmen verwackeln.

RX100 II: in Stufen zoomen

Wenn Sie dem Objektivring die Funktion *Zoom* zugewiesen haben (unter *MENU* > ✿ *2* > *Steuerring*), können Sie Ihre RX100 II so einrichten, dass sie in fünf Stufen zoomt. Dazu geben Sie *MENU* > ✿ *2* > *Zoomfunkt. am Ring* > *Stufe* vor. Ihnen stehen nun (bezogen auf das Kleinbildformat) die Brennweiten 28 mm, 35 mm, 50 mm, 70 mm und 100 mm zur Verfügung. Beim Verstellen des Zoomrings blendet die RX100 II kurz eine Skala ein, auf der Sie den gewählten Brennweitenbereich sehen.

4. Wie Sie Ihre Aufnahmen perfekt belichten

Die Belichtung ist in der Fotografie das A und O. Mit der RX100 haben Sie alle Möglichkeiten zur individuellen Belichtungsmessung und -steuerung. Vom perfekt ausgeleuchteten Produktfoto bis hin zu kreativen Low-Key-Aufnahmen ist alles machbar. Wie Sie die Belichtung gekonnt einsetzen, erfahren Sie auf den nächsten Seiten.

Wie Ihre RX100 mit den vielen Vollautomatiken quasi auf Knopfdruck perfekte Fotos liefert, wissen Sie inzwischen. Jetzt übernehmen Sie die Kontrolle: Sorgen Sie in jeder Situation für perfekt belichtete Aufnahmen. In diesem Kapitel erfahren Sie, wie es geht.

Weitreichende Möglichkeiten zur Belichtungssteuerung offeriert Ihnen die RX100 in den Modi P (Programmautomatik), A (Zeitautomatik), S (Blendenautomatik) sowie M (manuelle Belichtungssteuerung). Nur in diesen Modi stehen Ihnen alle Konfigurationsoptionen zur Verfügung. Was Sie einstellen, hat einen großen Einfluss darauf, wie Ihre RX100 das Foto (oder den Film) aufnehmen wird. Darum lernen Sie zunächst einmal einige unverzichtbare Grundlagen zur Belichtungssteuerung kennen, bevor es in die Praxis geht.

4.1 Diese Faktoren sorgen für eine korrekte Belichtung

Ihre RX100 steht bei jeder Aufnahme vor der Aufgabe, exakt die Lichtmenge einzufangen, die für ein perfekt belichtetes Foto oder Video benötigt wird. Fällt zu viel Licht auf den Bildsensor, wird die Aufnahme zu hell, sie ist überbelichtet. Bekommt der Bildwandler in Ihrer RX100 dagegen zu wenig Licht ab, wird das Foto unterbelichtet, es gerät zu dunkel.

Wie hell Ihr Foto wird, steuern Sie (oder die Belichtungsautomatik der Kamera) mithilfe dieser drei Stellschrauben:

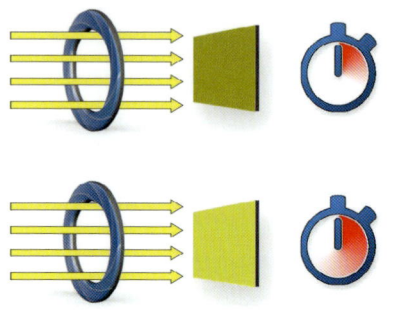

◆ **Belichtungszeit:** Sobald Sie den Auslöser Ihrer RX100 ganz durchdrücken, klickt es kurz oder auch länger im Inneren der Kamera. Was Sie da klicken hören, ist der Verschluss. Er öffnet sich bei der Aufnahme wie ein Bühnenvorhang und gibt den Blick auf den Bildsensor frei. Das Licht, das durch das Objektiv fällt, gelangt auf die lichtempfindlichen Sensorzellen. Dort löst es eine Reihe von Prozessen aus, die letztendlich Ihr Digitalfoto entstehen lassen. Je länger der Verschluss geöffnet ist, desto mehr Licht kann der Bildsensor einsammeln und desto heller wird Ihre Aufnahme.

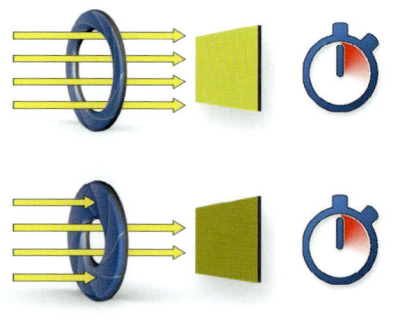

◆ **Blendenzahl:** Überdies regulieren Sie (oder Ihre RX100) die Lichtmenge, die auf den Sensor fällt, mit der Blende im Objektiv. Ist sie weit geöffnet, trifft bei unveränderter Belichtungszeit eine höhere Lichtenergie auf den Bildwandler als bei einer geschlossenen Blende.

◆ **ISO-Empfindlichkeit:** Reicht die durch Blendenzahl und Belichtungszeit vorgegebene Lichtmenge nicht, kann Ihre RX100 die Lichtempfindlichkeit des Sensors erhöhen. Okay, dessen Lichtempfindlichkeit ist natürlich fest vorgegeben – aber es gibt eine Art Restlichtverstärker in Ihrer RX100. Der Verstärkungsfaktor wird als ISO-Zahl angegeben, mit der schon früher die Lichtempfindlichkeit analoger Filme gekennzeichnet wurde.

Auf den ersten Blick mag es gleich sein, an welcher der drei Stellschrauben Sie drehen, um die korrekte Belichtung einzustellen. Doch jeder Parameter hat einen anderen Einfluss auf das Bildergebnis. Bevor es nun darum geht, wie Sie die Belichtung messen und an Ihrer RX100 steuern (siehe Seite 92), werfen wir einen kurzen Blick darauf, wie Belichtungszeit, Blendenzahl und ISO-Wert sich auf Ihre Aufnahme auswirken.

4.1.1 Wie die Stellschrauben zur Belichtungssteuerung voneinander abhängen

Die wichtigsten Stellschrauben zur Belichtungssteuerung sind Belichtungszeit und Blendenwert. Stellen Sie sich den Bildwandler Ihrer RX100 wie einen Becher vor, den Sie mit Wasser füllen möchten. Zwei Faktoren bestimmen nun, wie voll der Becher wird:

- die Zeitspanne, für die Sie Ihren Becher unter den Wasserhahn halten, und
- wie weit Sie den Wasserhahn aufdrehen.

Beide Faktoren bedingen einander: Der Becher ist schneller voll, wenn Sie das Ventil weit aufdrehen. Andererseits müssen Sie ihn deutlich länger unter den Wasserhahn halten, wenn Sie nur ein dünnes Rinnsal hinauslaufen lassen.

Genauso verhält es sich auch mit der Beziehung zwischen Blendenzahl und Belichtungszeit. Die Blende im Objektiv wirkt wie ein Ventil, das die Lichtmenge reguliert. Je weiter Sie sie öffnen, desto kürzer muss Ihre RX100 belichten. In der Fotografie wird die Blende in Stufen eingestellt (bei Filmobjektiven lässt sich die Blendenöffnung dagegen stufenlos steuern – wie das Ventil am Wasserhahn). Dabei sind die Stufen so gewählt, dass sich die durch das Objektiv fallende Lichtmenge von Blendenstufe zu Blendenstufe

- halbiert, wenn die Blendenzahl um eine Stufe erhöht wird (beispielsweise von f/5.6 auf f/8).
- verdoppelt, wenn die Blendenzahl um eine Stufe verringert wird (beispielsweise von f/5.6 auf f/4).

Mit der Belichtungszeit verhält es sich ähnlich: Wird sie verdoppelt, verdoppelt sich auch die einfallende Lichtmenge. Halbieren Sie dagegen die Belichtungszeit, trifft auch nur noch halb so viel Licht auf den Sensor.

Blendenwert	1,4	2	2,8	4	5,6	8	11	16	22	32
	+4 EV	+3 EV	+2 EV	+1 EV	+/- 0 EV	-1 EV	-2 EV	-3 EV	-4 EV	-5 EV
Belichtungszeit	1/2000	1/1000	1/500	1/250	1/125	1/60	1/30	1/15	1/8	1/4
	-4 EV	-3 EV	-2 EV	-1 EV	+/- 0 EV	+1 EV	+2 EV	+3 EV	+4 EV	+5 EV

Die wählbaren Stufen für Belichtungszeit und Blende sind derart aufeinander abgestimmt, dass sie sich entsprechen.

Blendenwert	1,4	2	2,8	4	5,6	8	11	16	22	32
	+4 EV	+3 EV	+2 EV	+1 EV	+/- 0 EV	-1 EV	-2 EV	-3 EV	-4 EV	-5 EV
Belichtungszeit	1/2000	1/1000	1/500	1/250	1/125	1/60	1/30	1/15	1/8	1/4
	-4 EV	-3 EV	-2 EV	-1 EV	+/- 0 EV	+1 EV	+2 EV	+3 EV	+4 EV	+5 EV

Schließen Sie die Blende um zwei Stufen (−2 EV), müssen Sie im Gegenzug die Belichtungszeit um zwei Stufen erhöhen (+2 EV), damit die Aufnahme weiterhin korrekt belichtet wird.

Diese Beziehung zwischen Blendenzahl und Belichtungszeit ist praktisch: Um weiterhin ein korrekt belichtetes Foto zu erhalten, müssen Sie die

◆ Blendenzahl um eine Stufe verringern, wenn Sie die Belichtungszeit um eine Stufe verkürzen;
◆ Belichtungszeit um eine Stufe verlängern, wenn Sie die Blendenzahl um eine Stufe erhöhen.

Diese enge Beziehung zwischen Blendenstufe und Belichtungszeit hat dazu geführt, dass sich für beide eine gemeinsame Einheit eingebürgert hat: die Blendenstufe oder kurz EV (für Exposure Value, »Belichtungswert«). Wenn es also zum Beispiel heißt: »erhöhen Sie die Belichtung um +1 EV«, bleibt es Ihnen überlassen, ob Sie die Belichtungszeit verdoppeln oder die Blende um eine Stufe öffnen.

Auch die ISO-Zahl ist so definiert, dass einer Verdopplung des ISO-Wertes eine Verdopplung der Lichtmenge entspricht. Geben Sie also statt ISO 200 die nächsthöhere Stufe ISO 400 vor, ändert sich die resultierende Belichtung nicht, wenn Sie zudem

- die Belichtungszeit um eine Stufe verringern (zum Beispiel von 1/125 Sek. auf 1/250 Sek.) oder
- die nächstgrößere Blende vorgeben (zum Beispiel f/8 statt f/5.6).

4.1.2 So wirkt sich die Belichtungszeit auf Ihre Aufnahme aus

Auf den ersten Blick mag es egal sein, ob Sie für Ihre Aufnahme eine kurze oder lange Belichtungszeit vorgeben – Hauptsache, Sie passen die übrigen Parameter (Blendenzahl und ISO-Wert) entsprechend an. Doch ganz so einfach ist es nicht: Je länger die Belichtungszeit ist, desto größer wird die Gefahr, dass Bewegungen des Motivs (und Ihrer Kamera!) sich als Bewegungsunschärfe im Bild bemerkbar machen.

Jetzt werden Sie zu Recht fragen: Was ist denn eine kurze Verschlusszeit und was eine lange? Bei Actionszenen hängt das vor allem von der Geschwindigkeit des Hauptmotivs ab. Bekommen Sie einen Fahrradfahrer vielleicht noch mit 1/250 Sek. scharf aufs Bild, ist ein Tischtennisball wahrscheinlich selbst bei 1/1000 Sek. noch verwischt. Eine klare Aussage lässt sich hier nicht treffen. Die Faustregel lautet: so kurz wie möglich.

Vielleicht fotografieren Sie jedoch nicht jeden Tag bei der Deutschen Tou-

Eine kurze Belichtungszeit (1/500 Sek.) hat den rasanten Porsche nahezu scharf aufs Bild gebannt – nur die Räder sind etwas verwischt.

Wählen Sie eine lange Belichtungszeit (1/60 Sek.), bewegt sich ein actionreiches Motiv sichtbar fort, während der Verschluss Ihrer RX100 geöffnet ist. Die Folge: Hier kommt der Porsche verwischt aufs Bild.

renwagen-Meisterschaft, sondern nehmen bevorzugt Landschaften oder Architektur auf. Motive also, die starr und unbeweglich sind und von denen keine Bewegungsunschärfe ausgeht. Es droht aber noch eine andere Gefahr: Unschärfe, die dadurch entsteht, dass Sie Ihre RX100 während der Aufnahme bewegen.

In der Kleinbildfotografie hat sich bereits vor Jahrzehnten diese Faustformel für verwacklungsfreie Belichtungszeiten etabliert: Belichtungszeit = 1 / Brennweite. Der Zoombereich Ihrer RX100 reicht von 28–100 mm, entsprechend der Zoomstellung des Objektivs sollte die Belichtungszeit nicht länger als 1/30 Sek. und 1/100 Sek. werden. Diese Obergrenzen versucht Ihre RX100 übrigens nicht zu überschreiten, wenn Sie sie die ISO-Empfindlichkeit automatisch anpassen lassen (siehe Seite 89).

Das Dumme dabei ist: Ihre RX100 zeigt Ihnen standardmäßig nicht an, auf welche Brennweite Sie gezoomt haben. Stattdessen gibt sie nur einen Zoomfaktor an, der sich auf die Anfangsbrennweite von 28 mm bezieht. Mit der folgenden Tabelle ermitteln Sie anhand des Zoomfaktors die eingestellte Brennweite und die daraus resultierende verwacklungssichere Belichtungszeit:

Zoomfaktor	Brennweite (in mm)	max. Belichtungszeit*
1,0	28 mm	1/30 Sek.
1,3	35 mm	1/40 Sek.
1,8	50 mm	1/50 Sek.
2,5	70 mm	1/60 Sek.
3,6	100 mm	1/100 Sek.

* Richtwert. Bei ruhiger Kamerahaltung ist meist auch die nächsthöhere Stufe durchaus noch problemlos möglich.

Praxistipps: lange Belichtungszeiten

Lange Belichtungszeiten und die damit einhergehende Verwacklungsgefahr lassen sich nicht immer vermeiden. Ihre RX100 warnt Sie übrigens mit einem blinkenden SteadyShot-Symbol nebst Ausrufezeichen, falls Sie Ihre RX100 für die gewählte Belichtungszeit zu stark bewegen. Spätestens dann sollten Sie eine oder mehrere der folgenden Maßnahmen ergreifen:

- Ist der Bildstabilisator eingeschaltet? Wenn nicht: Mit *MENU >* 📷 *4 > SteadyShot > Ein* aktivieren Sie ihn.

- Sorgen Sie für eine ruhige Kamerahaltung. Am besten montieren Sie Ihre RX100 auf ein Stativ. Falls das nicht möglich ist, stützen Sie sich und Ihre Kamera ab, z. B. auf einem Geländer, in einem Türrahmen etc.

- Erhöhen Sie den ISO-Wert oder geben Sie eine höhere Obergrenze für die ISO-Automatik vor (siehe Seite 90).

- Öffnen Sie die Blende weiter (wählen Sie eine kleinere Blendenzahl).

Hier habe ich die Kamera mit den Tourenwagen mitgezogen. Dadurch ist der Hintergrund verwischt aufs Bild gekommen, der Wagen jedoch scharf.

Eine Belichtungszeit von 1,5 Sek. lässt hier das Wasser weich und sanft über die Steine fließen. Bei einer derart langen Belichtungszeit wird ein Stativ unverzichtbar, andernfalls verwackeln Sie die Aufnahme unter Garantie!

Eine lange Belichtungszeit ist übrigens nicht per se schlecht. Im Gegenteil: Setzen Sie gezielt die Bewegungsunschärfe ein, um die Action im Motiv sichtbar zu machen. Ziehen Sie zum Beispiel Ihre RX100 mit einem Läufer oder einem Sportwagen mit, während die Aufnahme belichtet wird, dann gerät der Hintergrund schön verwischt aufs Bild. Oder lassen Sie den im harten Strahl eines Wasserfalls hinabschießenden Fluss durch eine lange Belichtungszeit sanft fließen.

Mit sehr langen Belichtungszeiten von mehr als 1 Sek. verschwinden übrigens Passanten oder vorbeifahrende Autos wie von Geisterhand aus dem Bild. Allerdings benötigen Sie dazu einen Neutraldichtefilter, der sich nur via Adapter an Ihrer RX100 anbringen lässt.

SteadyShot bei Stativeinsatz abschalten?
Sony rät, den Bildstabilisator abzuschalten, wenn Sie Ihre RX100 auf einem Stativ befestigen. Dahinter steckt die Überlegung, dass eine bombenfest fixierte Kamera den Bildstabilisator zu Eigenresonanzen anregen könnte. Er würde dann Bewegungen ausgleichen, die gar nicht vorhanden sind – und so ein verwackeltes Foto provozieren. Theoretisch ist diese Überlegung richtig. Doch in der Praxis garantiert selbst ein Stativ nicht, dass Ihre RX100 wirklich unbeweglich fixiert ist. Bei Landschaftsaufnahmen reicht zum Beispiel schon ein vorbeifahrender Lastwagen, um den Untergrund, auf dem das Stativ steht, in leichte Schwingungen zu versetzen. Ich lasse den SteadyShot daher auch beim Stativeinsatz stets aktiviert – und habe noch nie negative Auswirkungen feststellen können. Im Gegenteil: Der SteadyShot kompensiert auch Bewegungen, die vom Untergrund aufs Stativ übertragen werden – etwa durch den vorbeifahrenden Laster.

4.1.3 Wie sich die Blendenzahl auf Ihre Aufnahme auswirkt

Sie können oder möchten die Belichtungszeit nicht so sehr verlängern, dass Ihre RX100 die Aufnahmen korrekt belichtet? Dann steht Ihnen ein weiteres Stellglied zur Verfügung: die Blendenzahl. Je weiter Sie die Blende öffnen, desto kleiner wird die Blendenzahl. Wie weit Sie die Blende Ihrer RX100 öffnen können, hängt von der Brennweite (Zoomfaktor) ab. Die folgende Tabelle zeigt, ab welcher Brennweite sich die Blendenzahl ändert:

Brennweite	28	29	32	34	43	53	66	81	94
Blendenzahl	f/1.8	f/2	f/2.2	f/2.8	f/3.2	f/3.5	f/4	f/4.5	f/4.9

Die Blendenzahl (oder kurz Blende) hat einen großen Einfluss darauf, wie scharf Ihre Aufnahme wird. Genauer gesagt: wie weit die Schärfe vor und hinter die eingestellte Fokusebene reicht. Dabei gilt:

◆ Eine kleine Blendenzahl bedeutet eine große Blende, die viel Licht durchlässt, aber nur einen sehr schmalen Bereich außerhalb der Fokusebene scharf abbildet (= geringe Schärfentiefe). Das Öffnen der Blende auf einen kleinen Wert nennt man Aufblenden.

◆ Eine große Blendenzahl steht für eine kleine Blende, die wenig Licht passieren lässt, jedoch einen weiten Bereich außerhalb des Fokusbereichs noch scharf abbildet (= große Schärfentiefe). Wenn Sie die Blende weiter schließen, wird dies als Abblenden bezeichnet.

Jetzt werden Sie sich vielleicht denken: Blende ich eben so weit wie möglich ab, dann wird alles schon schön scharf werden. Pustekuchen! Einmal davon abgesehen, dass eine weit geschlossene Blende (= große Blendenzahl) eine längere Belichtungszeit erfordert, hat sie noch eine weitere unschöne Eigenschaft: Je kleiner die Öffnung ist, durch die das Licht dringen kann, desto stärker werden die Lichtstrahlen abgelenkt, technisch gesagt »gebeugt«. Diese Beugung lässt die Schärfeleistung des Objektivs zurückgehen. Je weiter Sie die Blende schließen, desto weicher und detailärmer werden Ihre Aufnahmen.

Vielleicht ist Ihnen schon aufgefallen, dass Sie Ihre RX100 lediglich auf f/11 abblenden können, während sich die Blende bei Kleinbildobjektiven auf f/22, manchmal sogar auf f/32 schließen lässt. Das hängt damit zusammen, dass Schärfentiefe und Beugungseffekte nicht nur von der Blendenzahl abhängen, sondern auch von der Größe der Aufnahmefläche. Bezogen auf einen Sensor mit der Fläche eines Kleinbildfilms verhält sich die Blende Ihrer RX100 wie in der nachstehenden Tabelle unter »KB-Äquivalent« genannt:

Blendenzahl RX100	f/1.8	f/2.8	f/4	f/5.6	f/8	f/11
KB-Äquivalent	f/4.9	f/7.6	f/11	f/15.2	f/21.8	f/29.9

Wenn Sie Ihre RX100 also beispielsweise auf f/5.6 abblenden, erhalten Sie die gleiche Schärfentiefe und die gleichen Beugungsprobleme wie bei einer Kleinbildkamera, deren Objektiv Sie auf f/15.2 abgeblendet haben. Das ist Fluch und Segen zugleich:

Der Vorteil ist: Bereits bei Offenblende liefert Ihre RX100 eine relativ große Schärfentiefe. Um eine möglichst große Schärfezone zu erhalten, brauchen Sie also längst nicht so weit abzublenden wie bei einer Kleinbildkamera – entsprechend niedriger können Sie die ISO-Zahl bzw. Belichtungszeit wählen.

Hier galt es, die Frontplatte des Vorverstärkers von rechts vorne bis links hinten scharf abzubilden. Dazu habe ich die RX100 II auf relativ bescheidene f/8 abgeblendet und dennoch eine ausreichende Schärfentiefe erzielt.

> **f/4 als optimale Vorgabe**
>
> Ich betreibe meine RX100 II vorwiegend im Modus A (Zeitautomatik) und gebe bevorzugt die Blendenzahl f/4 vor. Damit erzielt die Kamera den bestmöglichen Kompromiss aus hoher Schärfentiefe und geringer Beugungsunschärfe. Ich scheue mich aber auch nicht, auf maximale f/11 abzublenden, wenn ich z. B. bei Makro- oder Sachaufnahmen eine möglichst große Schärfentiefe wünsche. Dass dadurch verstärkt Beugungsunschärfe auftritt, stört in der Praxis längst nicht so sehr wie in der Theorie. Notfalls lässt sich ein etwas flauer Bildeindruck durch Nachschärfen in einem Bildbearbeitungsprogramm leicht beheben.

Der Nachteil dagegen ist: Eine große Blende (kleine Blendenzahl) hilft, Ihr Motiv scharf vor einem unscharfen Hintergrund abzubilden. Weil die Schärfentiefe auch mit zunehmender Brennweite immer kleiner wird, setzen Porträtfotografen gerne lichtstarke Teleobjektive ein, um den Hintergrund eines Porträts in Unschärfe zerfließen zu lassen. Mit Ihrer RX100 sind diese Möglichkeiten begrenzt: Bei 100 mm Brennweite beträgt ihre kleinbildäquivalente Offenblende f/13.4. Wenn Sie einen schönen soften Hintergrund für Ihr Motiv wünschen, sorgen Sie für einen möglichst großen Abstand zwischen Ihrem Hauptmotiv und der Kulisse.

Zweimal Blende f/4 bei 70 mm Brennweite – oben aufgenommen mit einer Vollformatkamera, unten mit der RX100 II. Es ist schön zu sehen, dass die Schärfentiefe bei der RX100 deutlich größer ist. Wenn es darum geht, ein Motiv freizustellen, ist die Kamera mit dem größeren Sensor klar im Vorteil.

Jetzt könnten Sie natürlich einwenden: Wenn das Freistellpotenzial der RX100 bei 100 mm Brennweite und Offenblende f/4.9 so gering ist, kann man doch auf 28 mm auszoomen. Am kurzen Zoomende ist die RX100 schließlich mit f/1.8 sehr lichtstark. Dem steht allerdings entgegen, dass die Schärfentiefe mit abnehmender Brennweite zunimmt (und umgekehrt). Hinzu kommt: Weitwinkelaufnahmen verzerren die Proportionen, Produkt- und Porträtfotos wirken dabei selten ansprechend.

Brennweite und Aufnahmeposition haben einen großen Einfluss auf die Bildwirkung. Links: Hier habe ich meine Hündin Janna bei 28 mm Brennweite aus dem Stand heraus fotografiert. Das Bild wirkt »von oben herab«, der Kopf ist deutlich größer als der Rumpf. Rechts habe ich auf etwa 90 mm eingezoomt und bin zudem in die Hocke gegangen. Durch die längere Brennweite füllt Janna das Bild besser aus, die Proportionen wirken deutlich stimmiger.

Lassen Sie Lichtquellen strahlen

Eine weit geschlossene Blende hat einen schönen Nebeneffekt: Befindet sich eine punktförmige Lichtquelle (z. B. die tief stehende Sonne oder eine Kerzenflamme) im Bild, erhält diese Zacken oder gar Strahlen. Blenden Sie bei derartigen Motiven Ihre RX100 ruhig auf f/11 ab, es verleiht Ihrer Aufnahme einen ganz besonderen Reiz.

4.1.4 ISO-Zahl und Bildrauschen

Sie haben die Belichtungszeit so eingestellt, dass Sie Ihre Aufnahme garantiert nicht verwackeln. Und die Blende derart vorgegeben, dass Sie die gewünschte Schärfentiefe erhalten. Doch jetzt reicht das Licht nicht aus, Ihre Aufnahme würde mit der gewählten Blende-Zeit-Kombination unterbelichtet werden.

Jetzt können Sie (oder die Belichtungsautomatik Ihrer RX100) an einer weiteren Stellschraube drehen: der ISO-Empfindlichkeit. Dahinter verbirgt sich vor allem eine Art Restlichtverstärker, der das schwache Signal des Bildwandlers derart anhebt, dass Ihr Bild korrekt belichtet wird.

Bedauerlicherweise gibt es den Restlichtverstärker nicht ohne Risiken und Nebenwirkungen – und die heißen hier Bildrauschen. Als Bildrauschen werden Störpixel bezeichnet, die keine Bildinformationen transportieren. Stattdessen enthalten sie zufällige Farb- und Helligkeitsinformationen, die das eigentliche Bildsignal überlagern. Die Anzahl dieser Störpixel wächst exponentiell zur ISO-Zahl – deshalb wäre schon eine Aufnahme mit ISO 800 sichtbar verrauscht, würde Ihre RX100 nichts dagegen unternehmen.

Aber natürlich hat Sony die RX100 mit einer sehr wirkungsvollen Rauschunterdrückung ausgestattet, die vor allem bei JPEG-Aufnahmen wirksam ist. Das Problem dabei: Je stärker das Bildrauschen ausgeprägt ist, desto kräftiger muss die Rauschunterdrückung eingreifen und umso mehr fallen ihr dann mit den Störpixeln auch feinste Bilddetails zum Opfer.

> **Für beste Bildqualität: Basisempfindlichkeit vorgeben**
> Je niedriger die ISO-Zahl, desto geringer ist das Bildrauschen – diese Faustregel gilt auch, wenn Sie die Basisempfindlichkeit von ISO 125 (RX100) oder ISO 160 (RX100 II) unterschreiten. Allerdings gibt es dabei einen Haken: Geben Sie einen Wert unterhalb der Basisempfindlichkeit vor, wird die Eingangsdynamik entsprechend gedämpft – Ihre Kamera kann Hell und Dunkel nicht mehr so fein voneinander abstufen. Insbesondere bei kontrastreichen Motiven sollten Sie daher eine gedämpfte ISO-Empfindlichkeit vermeiden – verwenden Sie stattdessen einen Neutraldichtefilter, um die Lichtmenge zu reduzieren.

Mit der ISO-Zahl verstärken Sie das Bildsignal jedoch nicht nur, es lässt sich auch dämpfen. Bei der RX100 von der nativen Empfindlichkeit ISO 125 auf ISO 100 und ISO 80. Bei der RX100 II liegt die Grundempfindlichkeit des Sensors bei ISO 160 und lässt sich hinab bis auf ISO 100 dämpfen.

Unterschiede gibt es auch bei der maximalen ISO-Empfindlichkeit zwischen den beiden RX100-Schwestern: Bei der neuen RX100 II reicht sie bis hinauf zu ISO 25600, bei der RX100 ist bereits bei ISO 6400 Schluss. Alle diese Unterschiede rühren daher, dass Sony die RX100 II mit einem neuen, lichtempfindlicheren Sensor in BSI-Technik ausgestattet hat (siehe Seite 10).

Die höchsten ISO-Stufen sollten Sie allerdings tunlichst meiden – hier muss die Rauschunterdrückung derart kräftig eingreifen, dass die Aufnahmen weich und verwaschen wirken. Wenn es gar nicht anders geht: Zeichnen Sie im RAW-Format auf und entrauschen Sie dann Ihre Bilder am Computer – z. B. mit dem Image Data Converter von Sony oder mit Adobe Photoshop Lightroom.

ISO-Einstellungsmöglichkeiten im Überblick

	manuell		automatisch		Multiframe NR max.
	min.	max.	min.	max.	
RX100	80	6400	125	6400	25600
RX100 II	100	12800	160	12800	25600

> **Rauschminderung durch Verbundaufnahme**
>
> Auch Ihre RX100 bietet ein cleveres Verfahren zur Rauschreduzierung, das Sony bereits vor einigen Jahren eingeführt hat (und das inzwischen von vielen Herstellern nachgemacht wird): Rauschreduzierung per Mehrfachaufnahme, etwa mit den Motivprogrammen *Handgehalten bei Dämmerung* und *Anti-Bewegungs-Unschärfe* (siehe Seite 54). Sie können diese Multiframe-Rauschreduzierung jedoch auch unabhängig von den Motivprogrammen in den Betriebsarten P, A, S und M vorgeben (dazu gleich mehr). Für hochwertige Aufnahmen sollten Sie auf die Rauschunterdrückung per Mehrfachaufnahme zurückgreifen, spätestens ab ISO 1600 bei der RX100, bei der RX100 II ab ISO 3200.

So stark rauscht die RX100 II bei verschiedenen ISO-Stufen

Die folgende Übersicht zeigt, wie sich Bildrauschen bzw. die Rauschunterdrückung der RX100 II auf das Ergebnis auswirken. Aufgenommen habe ich im JPEG-Format mit manuellem Weißabgleich. Die Rauschunterdrückung stand auf *Normal*, fokussiert habe ich auf den gekennzeichneten Bildausschnitt.

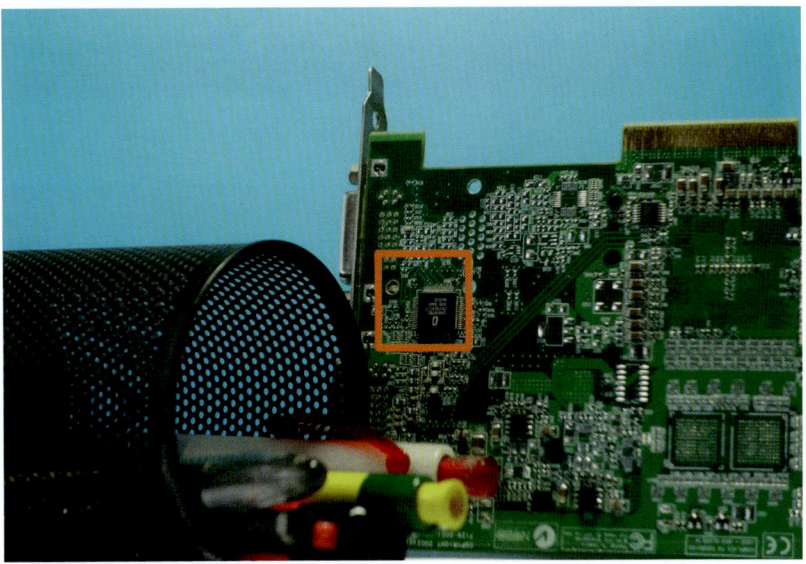

Wie sehr meine RX100 II bei verschiedenen ISO-Stufen rauscht, habe ich mit dieser Testaufnahme ermittelt. Die orange Markierung kennzeichnet den Bildausschnitt, den ich hier in 100 %-Darstellung zeige.

Meine kleine Testreihe zeigt eindrucksvoll, dass Bildrauschen bei der RX100 II kaum ein Thema ist – zumindest nicht hier im Druck. Bei der 100 %-Ansicht am Bildschirm fallen die Störungen natürlich mit zunehmender ISO-Zahl stärker ins Auge. Doch sobald Sie eine 20-Megapixel-Aufnahme aus Ihrer RX100 auf das Ausgabemaß verkleinern, werden Sie bis etwa ISO 3200 bei der RX100 bzw. ISO 6400 bei der RX100 II kaum noch Unterschiede zwischen den ISO-Stufen wahrnehmen.

ISO 160 – die Basisempfindlichkeit der RX100 II liefert die meisten Details.

Auch bei ISO 800 nimmt die RX100 II noch rauschfreie Bilder mit sehr vielen Details auf.

Bei ISO 1600 wirkt das Ergebnis minimal verwaschen – eine Folge der stärker eingreifenden Rauschunterdrückung

Selbst ISO 6400 gehen im Druck oder bei Prints auf Fotopapier noch gerade so in Ordnung

Bei ISO 12800 softet die Rauschunterdrückung das Bild nicht nur merklich ab, die Aufnahme wird auch abgedunkelt.

Zum Vergleich: ISO 12800 mit der Multi-Shot-Rauschunterdrückung.

> **Rauschunterdrückung konfigurieren**
> Wenn Sie im JPEG-Format aufzeichnen, rückt die interne Rauschunterdrückung den Bildstörungen bei hohen ISO-Werten automatisch zu Leibe. Wie stark sie eingreifen soll, können Sie unter MENU 🆗 4 > *Hohe ISO-RM* einstellen. Zur Auswahl stehen die Stufen *Hoch*, *Normal* und *Niedrig*. Belassen Sie es ruhig bei der Standardvorgabe *Normal*. Falls Sie das Bildrauschen gezielt angehen möchten, zeichnen Sie besser im RAW-Format auf und reduzieren das Rauschen passend für jede Aufnahme.

ISO-Empfindlichkeit einstellen

In der Regel brauchen Sie sich über die optimale ISO-Einstellung keine Gedanken zu machen – überlassen Sie das der ISO-Automatik Ihrer RX100. Sie wählt eine möglichst geringe ISO-Zahl passend zur eingestellten Blende-Zeit-Kombination sowie zur Brennweite. Standardmäßig ist die Automatik auf ISO 3200 begrenzt, sie startet mit ISO 125 bei der RX100 und ISO 160 bei der RX100 II.

In bestimmten Situationen möchten Sie aber vielleicht der Belichtungsautomatik Ihrer RX100 andere ISO-Grenzen vorgeben. Falls Sie zum Beispiel für Schnappschüsse oder Actionfotos besonders kurze Belichtungszeiten wünschen, legen Sie die Untergrenze auf ISO 400 oder ISO 800 fest. Die Obergrenze setzen Sie herab, wenn Sie möglichst detaillierte Bilder wünschen und, falls erforderlich, auf die Multiframe-Rauschunterdrückung (siehe Seite 86) zurückgreifen.

> **Keine Automatik im Modus M**
> Die ISO-Automatik funktioniert nur in den Modi P, A und S – jedoch nicht im Modus M (manuelle Belichtungssteuerung). Sobald Sie den Moduswähler auf M stellen, gibt Ihre RX100 ISO 125 vor, die RX100 II ISO 160. Natürlich können Sie die ISO-Empfindlichkeit auch im Modus M auf einen anderen Wert einstellen, nur eben auch manuell (siehe Seite 89).

So konfigurieren Sie die ISO-Automatik nach Ihren Wünschen:

Da ich die ISO-Zahl und die ISO-Automatik relativ häufig ändere, habe ich die Einstellungsmöglichkeit leicht erreichbar auf den letzten Speicherplatz im Schnellmenü gelegt (siehe Seite 36).

1. Rufen Sie MENU > 🗖 3 > ISO auf und drücken Sie die SET-Taste. Oder drücken Sie die Fn-Taste und wählen Sie ISO aus dem Schnellmenü.

2. Drücken Sie die Taste ▼, um AUTO zu wählen – im Schnellmenü wählen Sie AUTO mit dem Steuerrad.

3. Drücken Sie ► bzw. ▼ im Schnellmenü. Dann stellen Sie mit dem Steuerrad den gewünschten Wert für die Untergrenze ein, z. B. wie hier ISO 400.

4. Um die Obergrenze festzulegen, drücken Sie ►, den gewünschten Wert (hier ISO 1600) stellen Sie wieder mit dem Steuerrad ein. Bestätigen Sie Ihre Einstellung mit der SET-Taste.

Mit welchem ISO-Wert wird mein Foto aufgenommen?

Wenn Sie die ISO-Automatik eingeschaltet haben, zeigt das Sucherbild zunächst nur die Information *ISO AUTO* (Bild links). Sobald Sie den Auslöser halb durchdrücken, beginnt Ihre RX100 mit der Belichtungsmessung und zeigt dann den ISO-Wert, mit dem sie Ihr Foto (oder Ihren Film) aufnehmen wird (Bild rechts).

Ganz ähnlich geben Sie auch einen fixen ISO-Wert vor: Im Schnellmenü drehen Sie einfach am Steuerrad. Alternativ rufen Sie *MENU* > 🖸 *3 > ISO* auf, drücken die SET-Taste und stellen den gewünschten Wert ein.

Um die Rauschunterdrückung per Mehrfachaufnahme einzuschalten, wählen Sie im ISO-Schnellmenü den ersten Eintrag links in der Liste, drücken ▼ und wählen die gewünschte ISO-Empfindlichkeit. Unter *MENU* > 🖸 *3 > ISO* finden Sie die Multiframe-Rauschunterdrückung ganz oben in der Liste, drücken Sie ▶, dann drehen Sie am Steuerrad. Sie können die Multiframe-Rauschunterdrückung nicht einschalten, wenn Sie im RAW-Format aufzeichnen, oder das Blitzlicht aktiviert haben.

Aufnahmeserie erfordert ruhige Kamerahaltung

Die Multiframe-Rauschunterdrückung funktioniert ähnlich wie das Motivprogramm *Handgehalten bei Dämmerung* (siehe Seite 54). Es nimmt in rascher Folge sechs Fotos auf und kombiniert diese zu einem Bild, das deutlich rauschärmer und detailreicher ist als eine Einzelaufnahme. Achten Sie darauf, dass sich während der Aufnahmeserie Ihr Motiv und Ihre Kamera möglichst nicht bewegen. Das gelingt am besten bei einer kurzen Belichtungszeit von weniger als 1/125 Sek.

4.2 Belichtung messen – diese Möglichkeiten haben Sie

In den Modi P, A und S kümmert sich Ihre RX100 automatisch um korrekt belichtete Aufnahmen, im Modus M stellen Sie die gewünschte Belichtung von Hand ein. Doch bevor Ihre Kamera (oder Sie) die Belichtung einstellen kann, muss erst einmal die Motivhelligkeit gemessen werden. Was korrekt ist, hängt dabei von einigen technischen Faktoren ab, aber natürlich auch von Ihrem Motiv und Ihrer Intention. Möchten Sie zum Beispiel ein Motiv im Gegenlicht so belichten, dass es gut durchzeichnet wird? Oder liegt Ihr Augenmerk auf einer korrekten Belichtung des hellen Hintergrunds, sodass der Vordergrund nur als Schattenriss aufgenommen wird?

Ihre RX100 bietet Ihnen drei verschiedene Methoden zur Belichtungsmessung, unter MENU > ◘ 3 > Messmodus wählen Sie sie aus:

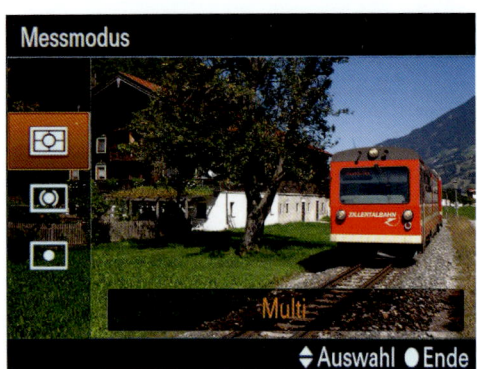

Ihre RX100 bietet Ihnen drei Methoden zur Belichtungsmessung (linke Spalte von oben nach unten): Multi, Mitte und Spot.

◆ Multi unterteilt das gesamte Bild in 200 Segmente und ermittelt zunächst für jede einzelne Zelle den korrekten Belichtungswert. Es fallen also 200 separate Messwerte an, die dann für den endgültigen Belichtungswert gemittelt werden. Dabei bildet Ihre RX100 aber nicht nur einfach einen Durchschnittswert, sondern gewichtet einzelne Messwerte stärker oder schwächer. So werden zum Beispiel Segmente, die innerhalb der Fokusebene liegen, stärker berücksichtigt, ebenso Zellen, in denen die automatische Gesichtserkennung angesprungen ist. Multi ist die Standardvorgabe Ihrer RX100 und liefert im Großen und Ganzen die besten Ergebnisse.

◆ **Mitte** steht für die mittenbetonte Integralmessung, ein Verfahren aus der Steinzeit der automatischen Belichtungsmessung in der Kamera. Dieses Messverfahren ermittelt die Belichtungswerte so, als sei das Foto eine Fläche, die mit 18 % Grau gefüllt ist. Dabei wird indes das Bildzentrum stärker gewichtet als die Außenbezirke. Dennoch ist dieses Verfahren deutlich grobschlächtiger als Multi – es gibt heute kaum noch einen Grund, es anzuwenden. Auch deshalb, weil die mittenbetonte Integralmessung keinen Unterschied zwischen dem scharfen Hauptmotiv und einem unscharfen Hintergrund macht.

◆ **Spot** misst die Belichtung gezielt nur für einen sehr kleinen Bereich im Bildzentrum. Dieses Verfahren empfiehlt sich bei sehr kontrastreichen Motiven und bei Gegenlichtsituationen. Verwenden Sie den Messmodus Spot vorzugsweise mit der Einstellung *AF-Feld > Mitte* (mehr dazu in Kapitel 5 zum Scharfstellen).

4.2.1 Motive, die dem Belichtungsmesser Probleme bereiten

So ausgefuchst das Belichtungssystem Ihrer RX100 auch ist – in bestimmten Situationen hat es so seine liebe Mühe, die korrekten Belichtungswerte zu ermitteln. Besonders in den folgenden Aufnahmesituationen sollten Sie dem Belichtungsmesser Ihrer RX100 eine gesunde Portion Misstrauen entgegenbringen:

◆ Bei insgesamt sehr dunklen Motiven, die einfach keine weißen oder sehr hellen Bereiche aufweisen. Ihre RX100 weiß sich nicht anders zu helfen und wird dieses Motiv überbelichten, also zu hell wiedergeben.

- Bei sehr kontrastarmen Motiven, zum Beispiel einer Winterlandschaft im trüben Licht. Hier eicht der Belichtungsmesser die Aufnahme auf 18 % Grau – das Foto wird viel zu dunkel.

- Bei hartem (kontrastreichem) Licht, wenn Ihr Hauptmotiv nicht in den Lichterpartien liegt. Der Belichtungsmesser Ihrer RX100 versucht auf alle Fälle, ausfressende Lichter (also überbelichtete Bildpartien) zu vermeiden. Das führt dazu, dass Ihr Hauptmotiv zu dunkel wiedergegeben wird.

Für derartige Problemszenen hat Ihre RX100 übrigens mit DRO und Auto HDR zwei hilfreiche Sonderfunktionen an Bord (siehe Seite 120).

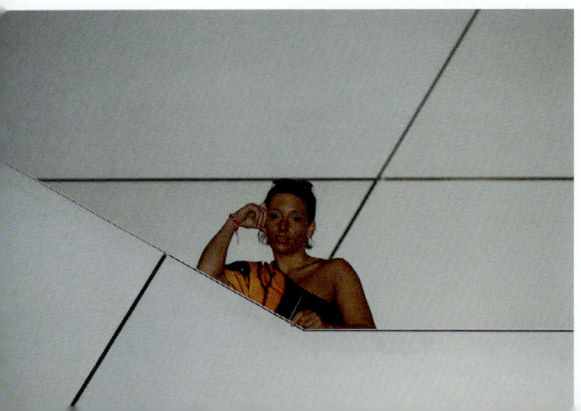

- Wenn Ihr Hauptmotiv nur einen recht kleinen Teil des Bildes ausmacht und deutlich heller oder dunkler als sein Umfeld ist.

Problemfall satte Farben: Das leuchtende Gelb der Osterglocke hat die RX100 etwas zu reichlich belichtet (links), die rot markierten Bildbereiche überstrahlen bereits. Mitte: In der Schwarz-Weiß-Variante des Fotos ist alles in Ordnung – so hat es der Belichtungsmesser gesehen. Rechts: Hier habe ich die Belichtung um –1 EV reduziert. Insgesamt wirkt das Bild jetzt zwar etwas dunkel, aber das Gelb der Blüte ist feinstens abgestuft, jedes Detail wird sichtbar.

◆ Wenn Sie sehr farbintensive Motive aufnehmen, zum Beispiel leuchtend rote Rosen oder strahlend gelbe Sonnenblumen. Der Belichtungsmesser kennt keine Farben, sondern nur Grauwerte; daher werden sehr starke Farben übersättigt, insbesondere Gelb und Rot geraten zu hell aufs Bild.

Der Belichtungsmesser kennt nur Grau

Wenn Ihr Motiv mäßig kontrastreich ist, hat der Belichtungsmesser wenig Probleme: Er ermittelt einen Wert, bei dem die hellsten Bildpartien möglichst nicht übersteuern. Fehlen der Szenerie indes jegliche Kontraste, braucht der Belichtungsmesser einen Anhaltspunkt, wie hell die Aufnahme insgesamt werden soll. Dazu bedient er sich eines statistischen Tricks: Berechnet man die durchschnittliche Helligkeit aller Fotos, die jemals aufgenommen wurden, ergibt sich der Wert 18 % Grau. Und auf diesen mittleren Helligkeitswert ist der Belichtungsmesser Ihrer RX100 geeicht. Daher kommt es, dass eine trübe Winterlandschaft zu knapp belichtet wird, ein Schornsteinfeger im Kohlenkeller dagegen zu reichlich.

4.2.2 Live-Histogramm: unverzichtbar, um auf den Punkt genau zu belichten

Gut, Sie wissen jetzt, dass der Belichtungsmesser nicht immer die Werte liefert, die Ihr Foto wunschgemäß belichten. Wie aber können Sie schon vor der Aufnahme abschätzen, wie die Helligkeit im Bild verteilt sein wird? Ob die Aufnahme eher dunkel oder eher hell werden wird?

Einen ersten Eindruck vermittelt Ihnen bereits das elektronisch erzeugte Sucherbild Ihrer RX100. Es spiegelt nämlich die Belichtung wider, die Ihre Kamera gewählt hat. Erhöhen Sie zum Beispiel die Belichtung, wird auch das Sucherbild heller – und umgekehrt.

Ihre RX100 kann aber noch mehr: Auf Knopfdruck liefert sie ein Histogramm, also eine Grafik, die die relative Helligkeit aller Pixel vom Tonwert 0 (Tiefschwarz) bis 255 (Reinweiß) zeigt. Dabei nehmen die Tonwerte auf der x-Achse von links nach rechts zu. Und die Ausschläge auf der y-Achse geben an, wie häufig ein Tonwert (in Bezug zu den übrigen Werten) im Motiv vertreten ist. Sie schalten das Histogramm ein, indem Sie mehrfach auf die DISP-Taste drücken.

Die RX100 richtet die Belichtung am mittleren Grau aus. Dieses vorwiegend dunkle Motiv wird dadurch zu hell aufgenommen, das Live-Histogramm hat noch Spielraum zum linken Rand.

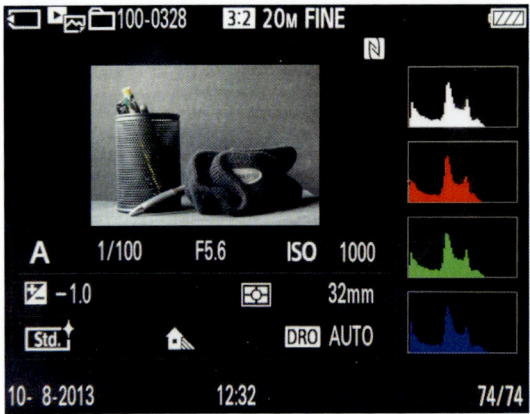

Noch genauer als das Live-Histogramm arbeitet das Histogramm im Wiedergabemodus. Auch hier ist deutlich zu sehen: Das Motiv ist exakt auf die Tiefen belichtet. Zudem schlüsselt es die Helligkeitsverteilung nach Farbkanälen getrennt auf – Sie können also auch Beschneidungen in einem einzelnen Farbkanal erkennen (siehe Seite 95).

Hier habe ich die Belichtung um –1 EV korrigiert, das Live-Histogramm stößt nun am linken Rand an. Dass das Histogramm im letzten Drittel praktisch keinen Ausschlag mehr zeigt, liegt am Motiv – helle Töne kommen praktisch nicht darin vor.

So praktisch das Live-Histogramm ist, es hat doch auch einen Haken: Es gibt keine Auskunft darüber, welche Tonwerte in der Grafik wo im Motiv vorkommen. Dazu zwei Beispiele und wie Sie damit umgehen:

◆ Bei einem vorwiegend dunklen Motiv erhebt sich links im Histogramm ein Berg. Ihre RX100 wird die Belichtung derart ausrichten, dass die linke Bergflanke nicht angeschnitten wird. Da hier aber die steile Felsnadel links im Histogramm für den sehr dunklen Studiohintergrund steht, habe ich die Belichtung reduziert, damit der Hintergrund wirklich tiefschwarz wird.

◆ Bei einem vorwiegend hellen Motiv verhält es sich genau andersherum: Jetzt zeigt das Histogramm links praktisch keinen Ausschlag, die Tonwerte türmen sich alle am rechten Rand auf.

In diesem Fall habe ich die Belichtung zusätzlich etwas angehoben, damit der helle Hintergrund reinweiß aufs Foto gerät.

◆ Ist das Motiv sehr kontrastreich, zeigt das Histogramm mindestens zwei ausgeprägte Berge, vorzugsweise links und rechts. Ihre RX100 steuert dabei die Belichtung derart, dass Weiß nicht ausfrisst, also die rechte Flanke im Histogramm gerade nicht beschnitten wird.

Bei kontrastreichen Motiven vermeidet der Belichtungsmesser ausfressende Lichter, zulaufende Schatten nimmt er dagegen in Kauf.

Mit einer Belichtungskorrektur um +1,66 EV werden die Tiefen perfekt durchzeichnet. Die Lichter reißen jedoch jetzt gnadenlos aus, das Histogramm wird rechts hart beschnitten, die Aufnahme wirkt eindeutig zu hell.

◆ Das letzte Beispiel illustriert abermals, dass der Belichtungsmesser Ihrer RX100 kontrastarme Motive gerne zu knapp belichtet. Dagegen hilft nur eines: Korrigieren Sie die Belichtung nach oben (wie's gemacht wird, erfahren Sie ein paar Seiten weiter unten).

Egal, ob Winterlandschaft im Dunst oder Toilettenpapierrollen auf einem weißen Studiohintergrund: Fehlen dem Motiv die Kontraste, wird Weiß zu Grau, das Histogramm schlägt ziemlich exakt in der Mitte aus.

Nachdem ich die Belichtung um +1 EV erhöht habe, wirkt das Foto natürlich hell. Der Berg im Histogramm wandert nach rechts.

Sogar eine Belichtungskorrektur auf +2,6 ist technisch gesehen möglich – das Histogramm wird rechts noch nicht beschnitten. Dennoch wirkt das Bild jetzt zu hell, vor allem fehlen dunkle Töne und Töne mittlerer Helligkeit nun gänzlich. Wenn Sie jedoch im RAW-Format aufzeichnen, ist dieses »Belichten nach rechts« eine gute Methode, um durch nachträgliches Abdunkeln im RAW-Konverter perfekt durchzeichnete Tiefen zu erhalten.

Histogramm richtig interpretieren

Das Live-Histogramm ist ein wichtiges Messinstrument, um mögliche Belichtungsfehler bereits im Vorfeld auszuräumen. Verlassen Sie sich aber nicht nur darauf. Was letztendlich zählt, ist Ihre Absicht – auch ein überbelichtetes Foto kann schön wirken. Denken Sie auch daran, dass sich der Tiefen aufhellende Effekt der DRO-Funktion im Live-Histogramm nicht widerspiegelt. Um ihn (und weitere Effekte der kamerainternen Bildaufbereitung) zu messen, schalten Sie das Histogramm im Wiedergabemodus ein.

4.3 Belichtung steuern

Wie Sie bzw. Ihre RX100 die korrekte Belichtung messen, wissen Sie jetzt. Nun geht es darum, wie Sie die Belichtung in der Praxis steuern. Dazu bietet Ihnen Ihre RX100 vier verschiedene Methoden, die Sie mit dem Programmwählrad vorgeben:

- **P** für Programmautomatik. Diese Belichtungsautomatik wählt eine Blende-Zeit-Kombination, die Ihre RX100 für angemessen hält. Vorrang hat dabei eine verwacklungssichere Verschlusszeit. Für welche Belichtungszeit sich Ihre RX100 entscheidet, hängt vor allem von der ISO-Empfindlichkeit und der Brennweite des Objektivs ab. Sie sind jedoch nicht auf die vorgegebene Blende-Zeit-Kombination festgelegt, sie lässt sich auch übersteuern (Programm-Shift).

- **A** für Aperture Priority, also Blendenvorwahl. Das Prinzip: Sie geben eine Blendenzahl vor, Ihre RX100 wählt die dazu passende (verwacklungssichere) Verschlusszeit. Falls Sie die ISO-Automatik eingeschaltet haben, erhöht die Kamera gegebenenfalls die Empfindlichkeit, um eine verwacklungssichere Verschlusszeit steuern zu können. Da Sie bei diesem Verfahren die Blende vorgeben und Ihre Kamera die passende Verschlusszeit wählt, wird A meist als Zeitautomatik bezeichnet – so auch von mir.

- **S** für Shutter Priority, also Verschlusszeitenpriorität. Hier stellen Sie die Belichtungszeit ein, Ihre RX100 wählt passend dazu einen Blenden- und ISO-Wert (sofern Sie die ISO-Automatik eingeschaltet haben). Weil hier die Kamera die Blende steuert, wird S zumeist als Blendenautomatik bezeichnet.

- **M** für manuelle Belichtung. Hier übernehmen Sie die volle Kontrolle über Belichtungszeit, Blendenwert und ISO-Empfindlichkeit.

Jedes der Verfahren hat seine spezifischen Vor- und Nachteile. Im Folgenden lernen Sie sie kennen; zudem erfahren Sie, für welche Aufnahmesituationen sich die unterschiedlichen Belichtungsverfahren jeweils am besten eignen.

4.3.1 Für jede Gelegenheit: Programmautomatik (P)

Mit der Programmautomatik sind Sie bei der Belichtungssteuerung für Ihre Foto- und Filmaufnahmen stets auf der sicheren Seite. Die Automatik stellt die Verschlusszeit und Blende so ein, dass Sie ohne viel Federlesen gleich auf den Auslöser drücken können. Dabei berücksichtigt sie selbstverständlich den von Ihnen vorgegebenen Messmodus (siehe Seite 92). Die Programmautomatik kümmert sich darum, dass die Belichtungszeit kurz genug bleibt, um verwackelte Aufnahmen zu vermeiden. Am besten stellen Sie der Programmautomatik noch die ISO-Automatik zur Seite.

Das P links oben signalisiert: Sie betreiben die Programmautomatik mit den Standardvorgaben Ihrer RX100. Sie ändern die Blende-Zeit-Kombination mit dem Einstellrad.

Wenn Sie die Blende-Zeit-Kombination ändern, signalisiert Ihre RX100 das mit P*. Aber Vorsicht: Die ISO-Automatik behält den ursprünglichen Wert bei (hier ISO 400), es kann zu einer unerwünscht langen Belichtungszeit kommen (hier 1/15 Sek.).

Sie sind mit der Verschlusszeit nicht zufrieden, die die Programmautomatik vorgibt? Oder wünschen eine weiter geschlossene Blende, um eine größere Schärfentiefe zu erhalten? Kein Problem, die vorgegebene Blende-Zeit-Kombination können Sie einfach übersteuern, dazu drehen Sie am Steuerrad:

◆ **Im Uhrzeigersinn:** Die Blende wird weiter geöffnet (Blendenzahl verringert). Korrespondierend dazu sinkt die Belichtungszeit, die Schärfentiefe nimmt ab

◆ **Gegen den Uhrzeigersinn:** Die Blende wird weiter geschlossen (Blendenzahl erhöht). Jetzt nimmt die Belichtungszeit zu, die Schärfentiefe wird größer.

Achten Sie auf die Belichtungszeit!
Wenn Sie die Programm-Shift-Funktion einsetzen, ändert die RX100 die ursprünglich von der ISO-Automatik gewählte Empfindlichkeit nicht! Das führt dazu, dass beim Abblenden u. U. unerwünscht lange Belichtungszeiten gesteuert werden. Erhöhen Sie in diesem Fall die ISO-Empfindlichkeit manuell oder wechseln Sie in den Modus A.

Sobald Sie die von der Programmautomatik vorgegebene Blende-Zeit-Kombination übersteuern, wechselt die Anzeige oben links im Sucherbild von P auf P*. Ihre Vorgabe bleibt auch nach der Aufnahme erhalten. Wenn Sie jedoch in einen anderen Aufnahmemodus wechseln, wird sie gelöscht. Ebenso, wenn Ihre RX100 mit der Vorgabe P* in den Standby-Modus geht – nach dem Aufwecken meldet sie wieder P.

Die Programmautomatik erledigt in über 90 % der Fälle alles, was nötig ist. Sie eignet sich vor allem für schnelle Schnappschüsse, bei denen Sie keine Zeit haben, Ihre Kamera erst einzurichten. Die eierlegende Wollmilchsau in Sachen Belichtungssteuerung ist die Programmautomatik dennoch nicht. Sie werden durchaus auch in

Situationen geraten, in denen Sie im Aufnahmemodus P zu häufig eingreifen müssten. Etwa, wenn Sie bei Actionfotos stets sehr kurze Belichtungszeiten benötigen oder Ihre Landschaftsfotos weit abgeblendet aufnehmen möchten, um eine möglichst große Schärfentiefe zu erhalten.

> **Programm-Shift nicht mit Blitz**
> Das Übersteuern der Blende-Zeit-Kombination im Modus P ist nicht möglich, wenn Sie den Blitz Ihrer RX100 ausgefahren haben oder ein betriebsbereites Blitzgerät auf Ihre RX100 II aufgesteckt haben. Möchten Sie in die Blitzbelichtung eingreifen, gehen Sie anders vor – wie, das erfahren Sie in Kapitel 7 zur Blitzlichtfotografie.

4.3.2 Perfekte Steuerung der Schärfentiefe: Zeitautomatik (A)

Wenn Sie festlegen wollen, mit welcher Blendenzahl Ihr Foto (oder Film) aufgenommen werden soll, ist die Zeitautomatik A genau das richtige Belichtungsprogramm. Jetzt geben Sie mit dem Steuerrad den Blendenwert vor, Ihre RX100 wählt dazu passend Belichtungszeit und ISO-Wert (wenn Sie die ISO-Automatik eingeschaltet haben). Anders als bei der Programmautomatik (P) bleibt Ihre vorgewählte Blende erhalten, wenn Sie die RX100 aus dem Stromsparmodus aufwecken oder gar zwischenzeitlich abgeschaltet hatten.

Oben: Zunächst hatte ich Blende 4.0 vorgegeben. Unten: Für die Landschaftsaufnahme habe ich dann auf f/5.6 abgeblendet – die RX100 zeigt den geänderten Wert für einen Moment in Orange. Die Belichtungszeit ändert sich zunächst nicht – erst wenn Sie den Auslöser kurz antippen, ermittelt die RX100 den neuen Wert. Das funktioniert übrigens in den übrigen Belichtungsmodi sinngemäß.

Der Modus A spielt immer dann seine Stärken aus, wenn Sie gezielt die Schärfentiefe steuern möchten. Geben Sie eine kleine Blende (große Blendenzahl) vor, um eine weite Landschaft vom Vordergrund bis in unendliche Ferne scharf aufs Bild zu bekommen. Sie erhöhen den Blendenwert, indem Sie das Steuerrad im Uhrzeigersinn drehen. Oder drehen Sie das Steuerrad gegen die Uhr, um die Blende weit zu öffnen und Vorder- wie Hintergrund unscharf aufzunehmen, etwa bei Porträts.

Ich verwende die Zeitautomatik (A) sehr häufig, fast immer in Kombination mit der ISO-Automatik. So gelingt es der RX100 in vielen Situationen, verwacklungsfreie Belichtungszeiten zu steuern – selbst wenn ich weit abblende. Sollten Sie mit einem fixen ISO-Wert arbeiten, kann es indes passieren, dass Ihre RX100 zur vorgegebenen Blende keine passende Belichtungszeit steuern kann. Dann ist das Sucherbild entsprechend dunkel oder hell, die Werte für Belichtungszeit und Belichtungskorrektur blinken im Display, sobald Sie den Auslöser antippen. So schaffen Sie Abhilfe:

◆ Wenn das Sucherbild zu dunkel ist (Unterbelichtung droht), dann erhöhen Sie den ISO-Wert und/oder blenden weiter auf.
◆ Sollte das Sucherbild zu hell sein (Überbelichtung droht), verringern Sie die ISO-Zahl und/oder blenden weiter ab.

Behalten Sie im Modus A auch das SteadyShot-Symbol auf dem Display im Auge. Wenn es blinkt, besteht die Gefahr verwackelter Aufnahmen! Eine verwacklungssichere, kürzere Belichtungszeit erhalten Sie, indem Sie die ISO-Zahl erhöhen und/oder aufblenden.

Praxistipp: Modus A dauerhaft konfigurieren

Die Zeitautomatik (A) in Verbindung mit der automatischen Anpassung der ISO-Zahl bietet Ihnen nahezu alle Möglichkeiten zur Belichtungssteuerung, die Sie im Alltag mit Ihrer RX100 brauchen. Gegenüber der Programmautomatik (P) hat sie den Vorteil, dass Ihre RX100 auch die ISO-Empfindlichkeit anpasst, wenn Sie den Blendenwert ändern.

Allerdings startet Ihre RX100 den Modus A stets mit den Einstellungen, die Sie zuletzt vorgegeben haben – auch nach dem Einschalten. Dazu ein Beispiel: Sie haben beim letzten Einsatz ISO 1600 eingestellt, etwa um eine Feier im Innenraum zu fotografieren. Jetzt liegt aber eine sonnenüberflutete Landschaft vor Ihnen – da sind ISO 1600 viel zu hoch! Dennoch wird Ihre RX100 diese Empfindlichkeitsstufe wählen, sobald Sie den A-Modus aufrufen – schließlich haben Sie diese ISO-Zahl ja so vorgegeben. Das gilt sinngemäß natürlich auch für alle weiteren Vorgaben wie Blendenzahl, Blitzmodus, Serienbildrate etc.

Wie praktisch wäre es nun, wenn sich Ihre bevorzugte Basiskonfiguration mit einem Tastendruck wiederherstellen ließe! Genau dazu dient der Benutzerspeicher Ihrer RX100. Hier können Sie bis zu drei Grundeinstellungen ablegen. So wird's gemacht:

1. Stellen Sie zunächst alle Parameter Ihrer RX100 so ein, wie Sie sie speichern möchten. Der Benutzerspeicher hält diese Einstellungen fest:

- Ihren mit dem Moduswahlrad gewählten Aufnahmemodus. Bringen Sie diesen also gegebenenfalls in die Stellung A.
- Alle Vorgaben in den Menüs 📷 und 🎬. Schalten Sie beispielsweise die ISO-Automatik ein und legen Sie die gewünschte Bildqualität fest (JPEG oder RAW etc.).
- Blendenwert und/oder Verschlusszeit (soweit beim gewählten Aufnahmemodus verfügbar).
- Stellung des Zoomobjektivs (Brennweite). Vorgaben für Digitalzoom werden nicht gespeichert.

2. Haben Sie alles (wirklich alles!) wie gewünscht eingestellt? Dann rufen Sie *MENU* 📷 *5 > Speicher > 1* auf, um Ihre Basiskonfiguration auf Speicherplatz 1 abzulegen.

3. Ihre RX100 blendet nochmals eine Übersicht Ihrer Konfiguration ein. Drücken Sie die SET-Taste, um sie zu speichern.

Nutzen Sie die Möglichkeit, mehr als eine individuelle Konfiguration für Ihre RX100 zu speichern. So habe ich auf Speicherplatz 1 meine bevorzugten Einstellungen für RAW-Aufnahmen abgelegt (links). Auf Speicherplatz 2 liegt bei meiner RX100 die Grundkonfiguration für Aufnahmen im JPEG-Format (rechts) – so kann ich schnell über den Moduswähler zwischen RAW und JPEG umschalten. Videofilmer könnten den dritten Speicherplatz mit ihrer Konfiguration für Filmaufnahmen belegen.

Basiskonfiguration korrigieren/ändern

Sie stellen nach einiger Zeit fest, dass Ihre Basiskonfiguration nicht ganz optimal ist, und möchten den einen oder anderen Parameter ändern? Kein Problem: Rufen Sie zunächst die aktuellen Einstellungen auf dem entsprechenden Speicherplatz ab. Dann gehen Sie wieder vor wie in der voranstehenden Anleitung beschrieben.

Um die Konfiguration im Benutzerspeicher abzurufen, stellen Sie den Moduswähler auf MR. Dann wählen Sie mit den Tasten ▶ oder ◀ den gewünschten Speicherplatz aus und drücken die SET-Taste, um die dort hinterlegten Einstellungen zu aktivieren. Falls der Moduswähler bereits auf MR steht und Sie Ihre Kamerakonfiguration geändert haben, drehen Sie das Moduswahlrad einmal kurz auf eine andere Stellung und dann wieder auf MR zurück.

4.3.3 Wenn die Belichtungszeit zählt: Blendenautomatik (S)

Das Pendant zur Zeitautomatik ist die Blendenautomatik (S). Hier geben Sie die Verschlusszeit vor, Ihre RX100 wählt passend dazu die Blende. Haben Sie ISO AUTO vorgegeben, passt die Kamera auch die ISO-Zahl an.

Die Blendenautomatik hat gegenüber der Zeitautomatik (A) sowie der Programmautomatik (P) einen Nachteil: Ihr Regelungsbereich ist deutlich geringer. Daher verwende ich sie nicht so gerne. Ausnahme: Wenn es wirklich einmal auf eine sehr kurze Belichtungszeit ankommt. In diesem Fall gebe ich z. B. 1/1000 Sek. vor (mit dem Steuerrad) und lasse meine RX100 passend dazu Blende und ISO-Wert einstellen.

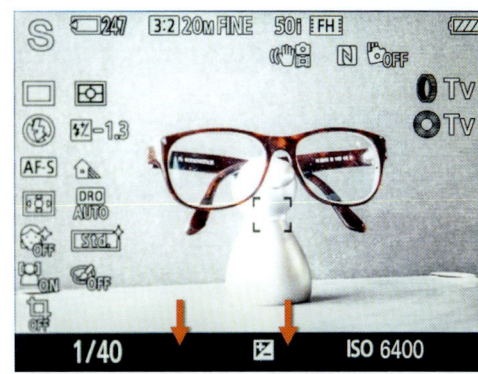

Hier habe ich im Modus S eine Belichtungszeit von 1/40 Sek. vorgegeben und ISO 6400 eingestellt. Die RX100 kann den dazu nötigen (extrem hohen) Blendenwert nicht steuern, daher blinkt die Anzeige der F-Zahl. Auch meine Vorgabe zur Belichtungskorrektur ist nicht realisierbar – die Anzeige blinkt ebenfalls. Die Aufnahme wird überbelichtet, das Sucherbild ist entsprechend hell und überstrahlt.

Nützlich ist die Blendenautomatik auch bei der Blitzlichtfotografie. Im Modus S können Sie nämlich bei Verwendung eines Blitzlichts Verschlusszeiten steuern, die Ihnen in den Modi P und A verwehrt bleiben. Mehr dazu lesen Sie in Kapitel 7 zur Blitzlichtfotografie.

4.3.4 Keineswegs verzichtbar: manuelle Belichtungssteuerung (M)

Auf Wunsch übergibt Ihnen die RX100 die komplette Kontrolle über die Belichtungssteuerung – im Modus M für die manuelle Belichtung. Dabei misst die Kamera die Belichtung lediglich und überlässt es Ihnen, passende Werte einzustellen. Vielleicht werden Sie sich jetzt fragen, wozu das überhaupt gut sein soll. Für die manuelle Belichtung gibt es mehrere gute Gründe:

◆ Nur im Modus M steht Ihnen die Belichtungszeit B für Bulb zur Verfügung. Hier starten und beenden Sie die Belichtung manuell: Solange Sie den Auslöser gedrückt halten, bleibt der Verschluss geöffnet. Diese Funktion erlaubt Ihnen Langzeitbelichtungen

So stellen Sie die Belichtungszeit auf Bulb: Drücken Sie die Taste q, dann drehen Sie das Steuerrad so lange nach links, bis BULB auf dem Display erscheint.

länger als die maximal 30 Sek., die Sie oder die Belichtungsautomatik Ihrer RX100 wählen können. Das ist zum Beispiel praktisch, wenn Sie Bewegungen nur als Wischspuren wiedergeben möchten.

◆ Wenn Sie ein externes Blitzgerät verwenden, lassen Sie dieses die exakte Lichtmenge für ein korrekt belichtetes Foto beisteuern. Sie geben lediglich grob eine Blende-Zeit-Kombination nebst ISO-Zahl vor, die zur Aufnahmesituation passen. Theoretisch funktioniert dieses Verfahren sogar mit dem kleinen Bordblitz Ihrer RX100, in der Praxis ist dieser aber nicht leistungsfähig genug. Mehr zu dieser Aufnahmetechnik lesen Sie in Kapitel 7 zum Thema Blitzlicht.

◆ Wenn Sie die Lichtbedingungen exakt kontrollieren können, etwa bei Dauerlicht im Studio. Dann stellen Sie die Belichtung nur noch einmalig manuell ein.

◆ Die RX100 bietet standardmäßig keine Taste zum Speichern der aktuellen Belichtungseinstellung. Falls Sie die Taste ◀, ▶ oder SET nicht entsprechend umkonfiguriert haben, geben Sie im Modus M die Belichtung wie gewünscht für eine ganze Aufnahmeserie vor.

◆ Die manuelle Belichtung empfiehlt sich immer dann, wenn Sie eine Reihe gleich belichteter Fotos benötigen, unabhängig vom Inhalt der Aufnahmen. Ein typischer Fall sind Einzelaufnahmen, die Sie zu einem Panoramabild zusammenfügen möchten (also kein Schwenk-Panorama). Oder Bilderserien, bei denen sich ein Objekt schnell durchs Bild bewegt – in diesem Fall kann Ihre RX100 aber die Belichtung auch automatisch auf das erste Bild der Serie fixieren.

◆ Zudem eignet sich die manuelle Belichtung hervorragend für Filmaufnahmen. Wenn Ihre RX100 im Video die Belichtung nicht nachführt, ergibt sich in der Regel ein deutlich ruhigerer Eindruck als bei Filmen, in denen sich permanent die Helligkeit ändert.

Schön wäre es, wenn Sie nun im Modus M eine Blende-Zeit-Kombination vorgeben könnten, zu der Ihre RX100 dann die passende ISO-Zahl wählt. Doch genau das geht leider nicht! Wenn Sie manuell belichten, ist die ISO-Automatik abgeschaltet. Sollten Sie *ISO AUTO* vorgegeben haben und wechseln in den Aufnahmemodus M, stellt Ihre RX100 ISO 125 ein, die RX100 II nimmt ISO 160. Vergessen Sie nicht, manuell den ISO-Wert vorzugeben, der zur Aufnahmesituation und Ihrer Blende-Zeit-Kombination passt!

Belichtung manuell einstellen – so wird's gemacht

Im Modus M können Sie alle drei Stellschrauben für eine korrekte Belichtung selbst drehen – also Belichtungszeit, Blendenzahl und ISO-Empfindlichkeit. Bei derart vielen Einstellungsmöglichkeiten kann man sich schnell verrennen – am besten gehen Sie folgendermaßen vor:

1. Zunächst richten Sie die ISO-Empfindlichkeit passend zur Aufnahmesituation ein (siehe Seite 87). Nehmen Sie zum Beispiel ISO 1600 bis ISO 3200, wenn Sie auf einer spärlich beleuchteten Party fotografieren möchten.

Bei den aktuell eingestellten Parametern würde die Aufnahme mit +1 EV überbelichtet werden.

2. Stellen Sie den Programmwähler auf M und richten Sie Ihre Kamera auf das Motiv aus. Sie sehen bereits am Sucherbild, in welche Richtung Sie die Belichtung korrigieren müssen: heller oder dunkler. Zudem blendet Ihre RX100 unten im Sucherbild die aktuelle »Fehlbelichtung« ein – zum Beispiel +1.0, wenn Ihre Vorgaben mit +1 EV überbelichten würden.

3. Verstellen Sie nun Belichtungszeit und/oder Blende derart, dass Ihre RX100 unten im Sucherbild + > –0.0 meldet. Die Belichtungszeit geben Sie mit dem Steuerrad vor, die Blende verstellen Sie mit dem Objektivring.

Oben: Hier habe ich am Objektivring gedreht und so die Blende auf f/8 verkleinert. Die Belichtung ist korrekt, die RX100 meldet +/–0.0. Unten: Das gleiche Setup, diesmal habe ich die Belichtungszeit auf 1/100 Sek. verkürzt. Jetzt signalisiert die RX100 eine Überbelichtung von +0.3 – mit diesem Wert habe ich das Bild schließlich aufgenommen.

4.4 So passen Sie die Belichtung auf den Punkt genau an

So ausgefeilt das Belichtungssystem Ihrer RX100 auch ist: In der einen oder anderen Situation liefert es schon einmal unerwartete Ergebnisse. Zumal der Belichtungsmesser natürlich Ihre Intention nicht kennen kann: Soll der Rappen links im Bild korrekt belichtet werden? Oder doch der Schimmel rechts? Das kann Ihre Kamera nicht entscheiden, da sind jetzt Sie gefordert. Immerhin: Steht der Rappen weiter hinten, Sie fokussieren aber auf den Schimmel vorne, wird Ihre RX100 ein ordentlich belichtetes Foto abliefern – Motive, auf die Sie scharf gestellt haben, gewichtet der Belichtungsmesser (im Modus *Mehrfeld*) stärker.

Diese Porträtaufnahme im Gegenlicht war ein klarer Fall für die Belichtungskorrektur. Links: So hätte die Kamera das Motiv belichtet – die ausgedehnte helle Fläche im Hintergrund sorgt dafür, dass sie die Belichtung herunterregelt. Rechts: Ich habe die Belichtung um +1 EV korrigiert. Jetzt nimmt die RX100 das Porträt in der Helligkeit auf, die ich in natura wahrgenommen habe. Dass der gänzlich unbedeutende Hintergrund überbelichtet ist, stört mich hier nicht.

Ein anderes Problem bei der Belichtungsmessung habe ich schon einmal angesprochen: Ihre RX100 versucht, auf alle Fälle ausfressende Lichter zu vermeiden – sind nur ein paar Spitzlichter im Bild, gerät die Aufnahme leicht zu dunkel. Und fehlt es an Kontrasten, kommt noch die 18 %-Grau-Problematik hinzu: Helle Motive gibt Ihre RX100 dann tendenziell zu dunkel wieder und dunkle zu hell. Ausführlich habe ich problematische Situationen bereits ab Seite 93 vorgestellt.

4.4.1 Ausgewogene Belichtung dank Belichtungskorrektur

Hier hat sich meine RX100 für eine sehr knappe Belichtung entschieden, weil das Motiv recht kontrastarm ist.

Für all diese Problemfälle gibt es glücklicherweise eine einfache Lösung: die Belichtungskorrektur. Mit ihrer Hilfe nehmen Sie Ihr Bild heller oder dunkler auf, als es die RX100 vorsieht. Sie sehen übrigens häufig schon vorab, ob Sie eventuell in die Belichtung eingreifen müssen – das elektronisch erzeugte Sucherbild Ihrer RX100 repräsentiert ja bereits recht gut das zu erwartende Foto. Noch genauer informiert Sie das Live-Histogramm über mögliche Belichtungsprobleme. Falls eine Belichtungskorrektur nötig werden sollte, ist dies mit Ihrer RX100 kein Hexenwerk:

1. Drücken Sie die Taste ▼. Ihre RX100 blendet eine Korrekturskala auf dem Display ein.

2. Drehen Sie das Steuerrad im Uhrzeigersinn, um die Belichtung zu erhöhen – und entgegengesetzt, falls Sie Ihr Bild abdunkeln möchten. Hier habe ich die Belichtung um +1 EV erhöht.

Erst nachdem ich die Belichtung um +1 EV erhöht hatte, erschien mir die Gesamthelligkeit hoch genug. Da die RX100 die Korrektur sogleich im Sucherbild zeigt, müssen Sie nicht lange herumexperimentieren.

3. Sind Sie mit der Korrektur einverstanden? Dann bestätigen Sie mit der SET-Taste oder tippen Sie den Auslöser kurz an. Ihre RX100 signalisiert nun, mit welchem Wert Sie die Belichtung korrigiert haben. Die Einstellung bleibt erhalten, bis Sie sie wieder ändern – sogar, wenn Sie die Kamera zwischenzeitlich ausschalten!

Behalten Sie die Anzeige für die Belichtungskorrektur im Auge. Sie bleibt wirksam, bis Sie diese wieder zurücknehmen.

Bequeme Belichtungskorrektur

Ich benötige die Belichtungskorrektur relativ häufig. Die RX100 steuert ja die Belichtung derart, dass bei kontrastreichen Szenen die Lichter nicht ausreißen, bei kontrastarmen Motiven richtet sie die Belichtung am mittleren 18 % Grau aus. In beiden Fällen geraten die Aufnahmen tendenziell zu dunkel, dann steuere ich mit der Belichtungskorrektur nach. Das geht besonders fix, wenn Sie die Funktion *Belichtungskorrektur* auf den Steuerring legen (siehe Seite 34).

4.5 Wie Sie Motive mit hohem Kontrastumfang meistern

Solange ein Motiv nicht allzu kontrastreich ist, bringt es die Belichtungsautomatik Ihrer RX100 ungefähr so aufs Foto, wie Sie es auch mit Ihren eigenen Augen gesehen haben. Wenn aber z. B. die Mittagssonne heiß vom Himmel brennt, sind die Helligkeitsunterschiede zwischen den dunkelsten Schatten im Motiv und den hellsten Lichtern um ein Vielfaches höher, als der Bildsensor Ihrer RX100 sie verarbeiten kann.

Jetzt müssen Sie sich entscheiden: Sind die Lichterpartien nicht so wichtig und dürfen ausfressen? Oder können Sie auf fein durchzeichnete Schatten verzichten, damit Ihr Hauptmotiv nicht überbe-

In der Natur können Helligkeitsunterschiede von 1:1.000.000 (entspricht 20 EV) vorkommen. Das menschliche Auge kann einen Kontrastumfang von ca. 1:10.000 (14 EV) verarbeiten, der Bildsensor Ihrer RX100 schafft aber nur rund 1:1000 (ca. 10 EV). Bei sehr kontrastreichen Szenen müssen Sie also auf die Lichter oder Schatten belichten. Oder nutzen Sie die cleveren Funktionen Ihrer RX100, um kontrastreiche Motive zu meistern.

lichtet wird? Das kommt Ihnen wie die Wahl zwischen Pest und Cholera vor – auf Ihrem Foto sollen Lichter und Schatten gleichermaßen perfekt durchzeichnet sein? Auch das ist mit Ihrer RX100 möglich, dazu gleich mehr (siehe Seite 120).

4.5.1 Belichten Sie gezielt auf Ihr Hauptmotiv

Links: Die übliche Mehrfeldmessung hat das Motiv ausgewogen belichtet, für meinen Geschmack aber etwas zu dunkel. Rechts: Ich wollte die Blüte im Vordergrund mit mittlerer Helligkeit aufnehmen, das Bild wirkt so leichter und luftiger. Die leichte Überbelichtung des Hintergrunds stört dabei nicht – ein klarer Fall für den Spotbelichtungsmesser.

Zunächst geht es darum, wie Sie die Belichtung perfekt auf Ihr Hauptmotiv ausrichten. Dazu dient der Spotbelichtungsmesser. Am besten verwenden Sie den Messmodus *Spot* in Verbindung mit dem zentralen AF-Feld. So gehen Sie vor:

1. Stellen Sie *MENU* > 📷 *2* > *AF-Feld* auf *Mitte* und *MENU* > 📷 *3* > *Messmodus* auf *Spot*.

2. Richten Sie Ihre RX100 so auf das Motiv, dass eine wichtige Partie innerhalb des dunklen Spotkreises liegt. Drücken Sie den Auslöser halb durch und halten Sie ihn gedrückt.

Ich habe die Kamera nach rechts geschwenkt und auch noch etwas zur Seite gekippt. Die einmal ermittelten Werte für Belichtung und Fokus bleiben erhalten, weil ich den Auslöser halb gedrückt gehalten habe.

3. Schwenken Sie Ihre RX100 bei weiterhin halb gedrücktem Auslöser auf den endgültigen Bildausschnitt. Dann lösen Sie Ihre Aufnahme aus.

Der schwarze Kreis im Bildzentrum markiert das Spotmessfeld. Ihre RX100 berücksichtigt bei der Spotbelichtungsmessung nur die Bildpartie, die innerhalb dieses kleinen Kreises liegt. Die grünen Markierungen kennzeichnen das Fokusfeld.

> **Tücken der Spotbelichtung**
> Auch der Spotbelichtungsmesser richtet sich wieder nach der 18 %-Grau-Regel. Das bedeutet: Ist die Motivpartie innerhalb des Spotkreises dunkler als mittleres Grau, wird Ihr Bild insgesamt aufgehellt. Liegt dagegen im Spotkreis eine Bildpartie, die heller als mittleres Grau ist, dunkelt die Spotmessung ihr Bild ab. Wie gewünscht funktioniert der Spotbelichtungsmesser nur, wenn die Bildpartie innerhalb des kleinen Messkreises annähernd die Helligkeit von mittlerem Grau aufweist. Natürlich können Sie auch den Spotbelichtungsmesser per Belichtungskorrektur kompensieren.

Ich verwende die Spotmessung nicht so häufig an meiner RX100. Neben der 18 %-Grau-Problematik gibt es noch weitere Gründe, warum ich das Verfahren nicht so nützlich finde:

- Bei den üblichen Messverfahren (*Messmodus > Multi* und *AF-Feld > Multi*) berücksichtigt die RX100 ja die Bildpartien stärker, die innerhalb der Fokusebene liegen. Dadurch besteht insbesondere bei Teleaufnahmen eine gute Chance, dass bereits die vollautomatische Belichtungsmessung ein angenehmes Ergebnis liefert.

- Wenn die automatische Gesichtserkennung eingeschaltet ist, findet die RX100 auch Gesichter am Bildrand zuverlässig und richtet die Belichtung darauf aus.

- Im Zweifelsfall geht es deutlich schneller, wenn Sie per Belichtungskorrektur die Bildhelligkeit nach Ihren Wünschen einstellen. So mache ich es meist, meine RX100 zeigt mir ja die Auswirkungen der Korrektur ohne Verzögerung auf dem Display an.

- Anstatt mühsam vor Ort die korrekte Belichtung bis aufs Lux genau zu ermitteln, passen Sie die Bildhelligkeit später mit Ihrem Bildbearbeitungsprogramm (z. B. Sony Image Data Converter oder Lightroom) an. Wenn Sie wie ich im RAW-Format aufzeichnen, haben Sie einen großen Spielraum zur nachträglichen Belichtungskorrektur.

◆ Alternativ können Sie auch eine Belichtungsreihe aufnehmen (dazu jetzt mehr) und dann das Bild heraussuchen, das Ihren Vorstellungen am nächsten kommt.

> **Fokus und Belichtung speichern**
> Der Trick mit dem halb gedrückten Auslöser funktioniert übrigens in allen Fokus- und Belichtungsmodi. Ich verwende ihn gerne in Verbindung mit *AF-Feld > Mitte*, wenn ich mein Motiv nicht im Bildzentrum platzieren möchte (also fast immer). Aber Vorsicht: Ändern Sie den Bildausschnitt bei aktivem Messwertspeicher nicht durch Zoomen – Ihr Motiv wird dann unscharf aufgenommen.

4.5.2 Belichtungsreihe als Alternative zur exakten Belichtungsmessung

Sie finden es ganz schön kompliziert, Ihre Aufnahme unter schwierigen Lichtverhältnissen korrekt zu belichten? Ich ehrlich gesagt auch. Aber da hält Ihre RX100 ja noch eine alternative Funktion bereit: die Belichtungsreihe. Sie nimmt drei unterschiedlich belichtete Aufnahmen auf: zunächst eine mit dem Belichtungswert, den Ihre Kamera ermittelt hat. Es folgt eine Aufnahme, die dunkler ist, und eine weitere, die heller ist. Dabei geben Sie vor, um welchen Wert die weiteren Fotos unter- bzw. überbelichtet werden sollen. Nachdem die drei Aufnahmen im Kasten sind, wählen Sie das Foto aus, das so ganz nach Ihrem Geschmack belichtet ist.

So hätte meine RX100 die vorwiegend helle, aber recht kontrastreiche Szene belichtet. Mir war das zu dunkel, aber um welchen Wert muss ich die Belichtung korrigieren? Eine Belichtungsreihe nimmt mir die Entscheidung ab.

Links: Da mir die Originalaufnahme zu dunkel war, habe ich die Belichtung auf +0,5 EV erhöht. Dann habe ich eine Belichtungsreihe mit einer Spreizung von 0,7 EV aufgenommen. Ich habe also zusätzlich ein Bild mit −0,3 EV erhalten (links unten) sowie ein weiteres mit dem Belichtungswert +1,3 EV (unten).

So aktivieren Sie die Belichtungsreihe:

1. Drücken Sie die ◀-Taste, alternativ rufen Sie MENU > 📷 2 > *Bildfolgemodus* auf. Ihre RX100 listet am linken Bildschirmrand eine Reihe von Optionen für Serienaufnahmen und Selbstauslöser (Bildfolgemodus) auf.

Hier habe ich mich für eine Belichtungsreihe mit einer Spreizung von 0,7 EV entschieden.

2. Drehen Sie am Steuerrad, bis *BRK C* markiert ist. Mit der ◀- oder ▶-Taste legen Sie fest, ob Sie die Belichtungsreihe mit einer Spreizung von 0,7 bzw. 0,3 EV aufnehmen möchten.

Wenn Sie nun den Auslöser durchdrücken, nimmt Ihre RX100 drei unterschiedlich belichtete Fotos auf. Wichtig dabei ist: Halten Sie den Auslöser durchgedrückt, bis das letzte Foto aufgenommen ist. Andernfalls bricht Ihre RX100 die Aufnahmeserie verfrüht ab, und Sie erhalten weniger als drei unterschiedlich belichtete Aufnahmen.

Belichtungsreihen lassen sich mit der Belichtungskorrektur kombinieren. Das ist prima, denn so können Sie die Belichtung gezielt an besser durchzeichneten Schattenpartien ausrichten – oder eben auf die Lichter. Wenn Ihr Augenmerk auf hellen Schattenpartien liegt, erhöhen Sie die Belichtung per Belichtungskorrektur; um die Lichter zu schützen, verringern Sie sie.

Übrigens: Obwohl Ihnen Ihre RX100 Belichtungsreihen in den Modi P, A, S und M sowie bei vielen Motivprogrammen bereitstellt, sollten Sie die Funktion nur im Modus A oder M nutzen. Denn einzig in diesen Modi wird ausschließlich die Belichtungszeit variiert, damit Sie unterschiedlich belichtete Aufnahmen erhalten. In allen anderen Modi verändert Ihre RX100 auch (oder nur) den Blendenwert, sodass sich zudem die Schärfentiefe zwischen den Einzelaufnahmen ändert. Unter Umständen passt dann ausgerechnet beim korrekt belichteten Foto der Reihe die Schärfentiefe nicht.

Warum Belichtungsreihen plus Belichtungskorrektur?

Auf den ersten Blick mag es widersinnig scheinen, zu einer Belichtungsreihe auch noch die Belichtungskorrektur hinzuzunehmen. Das ist aber in der Praxis leider nötig, weil Sony bei der RX100 die Belichtungsreihenfunktion arg beschnitten hat: Es sind immer nur drei Aufnahmen möglich (fünf wären besser), als Schrittweiten stehen nur 0,3 EV und 0,7 EV zur Verfügung, die wichtige Schrittweite 1 EV fehlt. Dadurch ist der Regelungsbereich der Belichtungsreihe sehr klein, eine Belichtungsreihe garantiert somit noch nicht, dass Sie eine wunschgemäß belichtete Aufnahme erhalten.

4.5.3 Mit DRO die Tiefenzeichnung verbessern

Es ist ja immer wieder die gleiche Geschichte: Ihre RX100 belichtet möglichst so, dass die Lichter nicht ausfressen – dass dann bei kontrastreichen Szenen die Tiefen absaufen, nimmt sie billigend in Kauf. Doch das muss nicht so bleiben: Schalten Sie die DRO-Funktion hinzu, sie hellt die Schattenpartien direkt bei der Aufnahme auf.

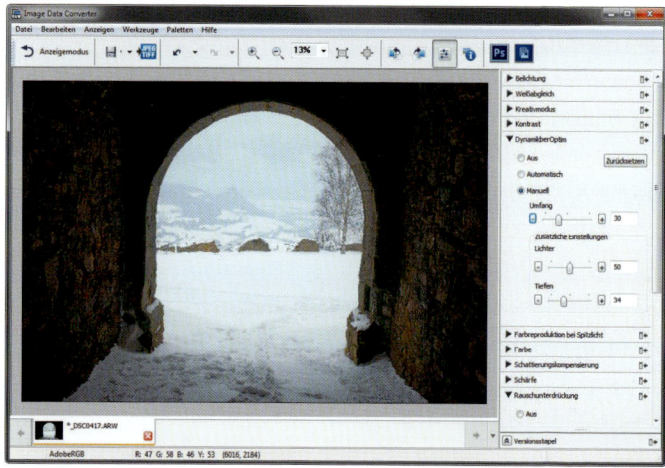

DRO lässt sich zwar nicht bei RAW-Aufnahmen zuschalten, Sonys Bildbearbeitungsprogramm Image Data Converter bietet indes unter »DynamikberOptim« eine vergleichbare Funktion.

Kleiner Schönheitsfehler dieser Bildbearbeitung direkt in der RX100: Sie funktioniert nicht, wenn Sie im RAW-Format aufzeichnen. Aber wenn Sie sich für RAW-Aufnahmen entscheiden, möchten Sie Ihre

Bilder ja sowieso erst noch entwickeln, und dabei können Sie ja gleich noch die Schattenpartien ganz nach Wunsch aufhellen. In Sonys Image Data Converter bilden Sie die DRO-Funktion Ihrer RX100 unter *DynamikberOptim* nach.

Die DRO-Funktion erledigt ihren Job recht gut – insbesondere wenn es hell ist und Ihre RX100 keine hohe ISO-

Empfindlichkeit benötigt (dazu gleich mehr). So richten Sie sie ein:

1. Rufen Sie MENU > ◻ 3 > *DRO* > *Auto HDR* > *Dynamikb.Opt.* auf.

2. Drehen Sie am Steuerrad, bis *DRO* (aktuelle Stufe) gewählt ist. Sie ändern die DRO-Vorgabe mit der ◀- oder ▶-Taste.

Die DRO-Funktion bietet Ihnen fünf Stufen zur Aufhellung der Schattenpartien sowie die Vorgabe *AUTO*. Dabei geht *DRO AUTO* behutsam zu Werke, Sie können diese Vorgabe also ohne Reue stets eingeschaltet lassen. Wie sich die einzelnen Vorgaben unterscheiden, zeigt diese Übersicht:

DRO aus.

DRO AUTO.

DRO Level 1.

DRO Level 2.

DRO Level 3.

DRO Level 4.

DRO Level 5.

Anhand der Beispiele ist schön zu sehen, dass die DRO-Funktion wirklich nur die Schatten aufhellt – die Lichter werden nicht angetastet. Deutlich wird indes auch, dass mit zunehmendem DRO-Level das Ergebnis unnatürlich wird. Höher als *DRO Lv3* gehe ich selten.

DRO in der Live View nicht sichtbar
Die Auswirkungen Ihrer DRO-Vorgabe werden nicht auf dem Display simuliert – Sie sehen erst nach der Aufnahme, wie sehr DRO die Tiefen aufgehellt hat. Kontrollieren Sie wichtige Fotos sofort im Wiedergabemodus (siehe Kapitel 9) und wiederholen Sie die Aufnahme gegebenenfalls mit geänderter DRO-Einstellung.

DRO mit der RX100 bei ISO 400: Links mit Level 5, rechts mit Level 3. Bei der höchsten DRO-Stufe kommt es zu deutlich ausgeprägtem Farbrauschen in den Bereichen mittlerer Helligkeit. Bei DRO > Level 3 ist das Farbrauschen gerade noch erträglich.

Wie so vieles im Leben ist auch die DRO-Funktion nicht zum Nulltarif zu haben. Sie bezahlen die clevere Schattenaufhellung mit verstärktem Bildrauschen in den aufgehellten Bildpartien – und zwar umso mehr, je höher Sie DRO-Level und ISO-Zahl einstellen. Auch das ist ein Grund, warum ich DRO-Level höher als 3 tunlichst vermeide. Verzichten Sie auch auf manuelle Vorgaben für die DRO-Funktion, wenn die Empfindlichkeit höher ist als ISO 1600 bei der RX100 II bzw. höher als ISO 800 bei der RX100.

Schatten per Blitzlicht aufhellen
Anstatt die Schattenpartien der Bildbearbeitung Ihrer RX100 zu überlassen, können Sie sie natürlich auch real aufhellen – zum Beispiel mit einem hellen Reflektor oder einem Blitzlicht. Mehr zum Aufhellblitz lesen Sie in Kapitel 7.

4.5.4 Für schwierige Kontrastprobleme: die HDR-Funktion Ihrer RX100

So praktisch die DRO-Funktion ist – bei extrem harten Kontrasten stößt sie an ihre Grenzen. Ebenso wenn schlechte Lichtverhältnisse hohe ISO-Zahlen erfordern, etwa bei Aufnahmen in Innenräumen.

Für diese Fälle hält Ihre RX100 mit *Auto HDR* eine Spezialfunktion bereit. Sie nimmt zunächst eine Belichtungsreihe aus drei Aufnahmen auf. Dann verschmilzt sie die drei Fotos zu einem Bild, das von den schwärzesten Tiefen bis zu den hellsten Lichtern perfekt durchzeichnet ist. Es liegt auf der Hand, dass drei unterschiedlich belichtete Fotos eine bessere Grundlage für eine bessere Kontrastwiedergabe bilden als eine einzelne Aufnahme, die per DRO optimiert wird. Ihre RX100 speichert übrigens zum Verbundbild auch die eine Aufnahme mit dem originalen Belichtungswert. Diesen Wert können Sie vorgeben, die Belichtungskorrektur funktioniert auch bei HDR-Aufnahmen. Ähnlich wie Verbundaufnahmen zur Rauschunterdrückung funktioniert Auto HDR auch bei Aufnahmen

Diese Bauernstube im Gegenlicht ist sehr kontrastreich. Wie immer hat die RX100 auf die Lichter belichtet, sodass die Stube weitgehend im Dunkeln liegt.

So funktioniert die HDR-Automatik: Ihre RX100 nimmt eine Belichtungsreihe mit drei Fotos auf (Bildreihe oben). Die drei Aufnahmen verschmilzt sie dann zu einem Bild mit perfekt durchzeichneten Schatten und Lichtern.

aus der Hand. Halten Sie aber bitte die Belichtungszeiten so kurz wie möglich! Dazu können Sie getrost die ISO-Empfindlichkeit auf ISO 1600 oder notfalls noch höher schrauben – anders als die DRO-Funktion erzeugt *Auto HDR* kein zusätzliches Bildrauschen. Für Actionmotive eignet sich *Auto HDR* indes nicht, Ihr Motiv sollte sich während der drei Aufnahmen für die Belichtungsreihe möglichst nicht bewegen (und Ihre Kamera auch nicht).

Die HDR-Automatik funktioniert nicht, wenn Sie RAW als Aufnahmeformat gewählt haben. Bei aktiviertem Blitzlicht ist der HDR-Effekt nur sehr schwach ausgeprägt – verzichten Sie besser auf den Blitz.

Sie aktivieren und konfigurieren die HDR-Funktion ganz ähnlich wie die DRO-Funktion:

1. Rufen Sie *MENU* > 📷 *3* > *DRO* > *Auto HDR* > *Auto HDR* auf.

2. Drehen Sie am Steuerrad, bis *HDR* (aktuelle Stufe) gewählt ist. Sie ändern die HDR-Vorgabe mit der ◄- oder ►-Taste.

Die HDR-Funktion bietet sechs Stufen von 1.0 EV (schwach) bis 6.0 EV (sehr stark). Sie nimmt zusätzlich zu einem korrekt belichteten Bild je ein unter- bzw. überbelichtetes auf. Bei der Stufe 1.0 EV sind dies zwei weitere Aufnahmen mit –0,5 EV und +0,5 EV, bei Stufe 6.0 EV beträgt die Spreizung +/–3 EV. Mit der Vorgabe *Auto HDR* lassen Sie Ihre RX100 die Spreizung der Belichtungsreihe automatisch ermitteln. *Auto HDR* arbeitet etwas zurückhaltend, wahrt aber so den natürlichen Eindruck des Motivs.

Links: Mit HDR 4.0 EV ergibt sich bei der Bauernstube ein stimmiger Bildeindruck.
Rechts: HDR 6.0 EV lässt das Motiv dagegen etwas flach und künstlich wirken.

Praxistipps für die HDR-Automatik

Die optimale Vorgabe für *Auto HDR* hängt von einigen Faktoren ab. Daher ist es nicht immer ganz einfach, auf Anhieb die geeignete Einstellung zu ermitteln. In der Praxis haben sich bei mir diese Tricks bewährt:

- Ähnlich wie bei Belichtungsreihen verwende ich die HDR-Automatik praktisch nur im Modus A. Die Modi P und S sind zwar möglich, eignen sich aber nicht.

- Je höher Sie die HDR-Stufe einstellen, desto längere Belichtungszeiten entstehen für das überbelichtete Bild. Sorgen Sie auf alle Fälle für eine stabile Kamerahaltung: Stützen Sie Ihre RX100 auf oder montieren Sie sie auf einem Stativ.

- Die HDR-Automatik eignet sich nicht für Actionmotive, Ihre RX100 erwartet drei (nahezu) deckungsgleiche Aufnahmen. Falls sich der Bildinhalt während der Aufnahmeserie ändert, weist Sie Ihre RX100 nach der Berechnung des HDR-Bildes mit einem Warnsymbol auf das Problem hin. Nehmen Sie in diesem Fall das HDR-Bild erneut auf.

- Kontrollieren Sie das HDR-Ergebnis nach der Aufnahme. Falls Ihnen die Schattenpartien zu dunkel erscheinen, können Sie die Reihe mit einer höheren HDR-Stufe wiederholen. Ich probiere dann jedoch zunächst etwas anderes: Korrigieren Sie die Belichtung um +0,7 bis +1 EV nach oben. Auch bei nicht so hoher HDR-Stufe sorgt die Automatik dann dafür, dass die Lichter nicht ausbrennen – das Ergebnis wirkt meist stimmiger als bei einer hohen HDR-Stufe. Das gilt insbesondere für ein vorwiegend dunkles Motiv, z. B. eine nächtliche Straßenszene.

- Bei klassischen Gegenlichtaufnahmen helle ich das Hauptmotiv bevorzugt mit dem Blitzlicht auf – die HDR-Automatik benötige ich dazu nicht.

4.5.5 DRO oder HDR – welche Funktion eignet sich wann?

Ihre RX100 bietet Ihnen mit *DRO* und *Auto HDR* also gleich zwei clevere Funktionen, um kontrastreiche Motive in den Griff zu bekommen. Da stellt sich nun die Frage: In welcher Situation sollen Sie welche der beiden Funktionen einsetzen?

Die Ausgangslage für einen Vergleich zwischen DRO-Funktion und HDR-Automatik: ein Zimmer im Gegenlicht.

DRO mit höchster Stufe Lv5: Die Schattenpartien und dunklen Mitteltöne sind deutlich aufgehellt, das Streiflicht auf der Tischplatte überstrahlt jedoch weiterhin.

Dasselbe Motiv mit HDR-Stufe 6.0 EV: Hier ist schön zu sehen, dass die HDR-Funktion auch in die Darstellung der Lichterpartien eingreift. So ist der Himmel deutlich besser durchzeichnet als im Original, aber auch die sonnenüberflutete Tischplatte zeigt wesentlich mehr Details.

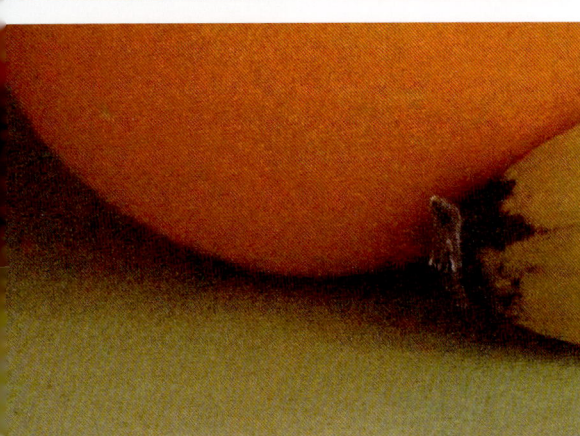

Bildrauschen bei DRO (Mitte) und HDR (unten) im Vergleich – das Bild oben zeigt die Gesamtaufnahme, markiert ist der 100 %-Ausschnitt. Das Foto entstand mit meiner RX100 II bei ISO 1600, hier rauscht die DRO-Variante sichtbar stärker als das HDR-Pendant.

- Die DRO-Funktion ist wesentlich einfacher zu handhaben und zeigt weniger Einschränkungen als die HDR-Automatik. Verwenden Sie *DRO Auto*, wenn Sie im JPEG-Format aufzeichnen. Bei mittelstarken Motivkontrasten und insgesamt recht heller Umgebung konfigurieren Sie DRO gegebenenfalls manuell. Falls Sie im RAW-Format aufnehmen, lässt sich der DRO-Effekt leicht mit einem RAW-Konverter nachbilden.

- Die HDR-Automatik spielt ihre Stärken aus, wenn die Kontraste stark bis sehr stark sind. Anders als die DRO-Funktion hellt sie nicht nur die Schatten auf, sondern dunkelt auch die Lichter ab. Spätestens, wenn Sie per DRO kein zufriedenstellendes Ergebnis erzielen, sollten Sie HDR einsetzen.

- Klar im Vorteil sind Sie mit der HDR-Automatik auch, wenn schlechte Lichtverhältnisse Ihre RX100 zu einer hohen ISO-Zahl zwingen. DRO verstärkt dann das Bildrauschen in den Schattenpartien über Gebühr, die HDR-Automatik hat keinen negativen Einfluss auf das Bildrauschen.

5

5. Wie Sie auf den Punkt genau scharf stellen

Die schönste Lichtstimmung auf einem Foto hilft nichts, wenn Ihr Hauptmotiv ungewollt unscharf abgebildet wird. Gerade auch bei anspruchsvollen Motiven wie beispielsweise der Sport- oder Actionfotografie spielt die Schärfe eine entscheidende Rolle bei der Bildwirkung. Mit den richtigen Tipps sollten Sie mit der RX100 in den allermeisten Situationen zu gelungenen Ergebnissen gelangen – welche das sind, lesen Sie in diesem Kapitel.

Ein gutes Foto sollte nicht nur exakt (oder wenigstens wunschgemäß) belichtet sein – es sollte auch scharf sein. Einige Aspekte für ein scharfes Foto haben Sie bereits im Zusammenhang mit Blende und Belichtungszeit kennengelernt, etwa die Schärfentiefe sowie die Gefahr von Unschärfe durch Verwacklung. Jetzt geht es um einen weiteren zentralen Punkt: das Scharfstellen.

Sobald Sie den Auslöser Ihrer RX100 antippen, stellt sie scharf. Im Sucherbild signalisiert mindestens ein grünes AF-Feld, auf welche Motivpartie der AF fokussiert hat. Ein grüner Punkt unten links informiert Sie, dass das Scharfstellen geglückt ist, zudem piept Ihre RX100 kurz (wenn Sie die Signaltöne nicht abgeschaltet haben). Falls der grüne Punkt blinkt und keine AF-Markierungen erscheinen, konnte die RX100 nicht scharf stellen.

Normalerweise kümmert sich der Autofokus Ihrer RX100 darum, dass die von Ihnen anvisierte Motivpartie scharf aufs Bild kommt. Er ändert die Entfernungseinstellung am Objektiv in immer kleiner werdenden Schritten so lange, bis an Motivkanten ein maximaler Kontrast erreicht wird. Dieser Autofokus per Kontrastmessung arbeitet sehr genau, aber auch etwas langsam. Um den Autofokus wenigstens ein bisschen zu beschleunigen, bedient sich Ihre RX100 eines cleveren Tricks: Sie stellt bereits grob scharf, sobald Sie die Kamera aufs Motiv richten. Wenn Sie dann den Auslöser halb durchdrücken, ist nur noch etwas Feinarbeit nötig.

Der Autofokus Ihrer RX100 erledigt seinen Job in der Regel unauffällig und zuverlässig. Unter normalen Lichtverhältnissen hat er nach spätestens einer halben Sekunde scharf gestellt, oftmals geht's sogar noch schneller. Es gibt jedoch Motive und Situationen, die dem Autofokus Probleme bereiten. In diesen Fällen dauert das automatische Scharfstellen ungewöhnlich lange, oder Ihre RX100 kann überhaupt nicht fokussieren bzw. stellt die Schärfe falsch ein:

◆ bei sehr kontrastarmen Motiven wie einer gleichförmigen Wand oder einer Landschaft im Nebel.

◆ wenn es sehr dunkel ist. Der Autofokus benötigt ein wenig Umgebungslicht, um überhaupt etwas erkennen zu können. Notfalls illuminiert Ihre RX100 die Szenerie mit einem grellen orangefarbenen AF-Hilfslicht, dessen Reichweite indes auf einige Meter begrenzt ist.

In sehr dunkler Umgebung wirft das AF-Hilfslicht einen grellen Lichtschein auf das Motiv. Achten Sie darauf, die LED nicht mit dem Finger abzudecken.

◆ Motive, die sich schnell bewegen. Das gilt insbesondere für Motive, die fortwährend ihre Entfernung zur Kamera ändern, etwa ein Hund, der auf Sie zuläuft.

◆ bei Motiven, die derart nah sind, dass die minimale Fokusdistanz unterschritten wird. Haben Sie völlig ausgezoomt, kann Ihre RX100 auf wenige Zentimeter Entfernung scharf stellen, bei maximaler Zoombrennweite beträgt die Fokusdistanz ca. 50 cm.

Rast meine Hündin Janna auf mich zu, hat der Autofokus der RX100 kaum eine Chance, die Schärfe schnell genug nachzustellen.

♦ wenn sich prägnante Objekte zwischen Ihrer RX100 und dem Hauptmotiv befinden, etwa ein Maschendrahtzaun. Möglicherweise stellt Ihre RX100 jetzt auf den Maschendraht scharf und nicht auf Ihr Motiv: Abhilfe können Sie schaffen, indem Sie die Fokusentfernung manuell nachregeln (alles übers manuelle Scharfstellen lesen Sie ab Seite 136).

Makroaufnahmen mit der RX100

Eigentlich sind Kompaktkameras wie die RX100 mit einem relativ kleinen Bildsensor prädestiniert für Makroaufnahmen. Denn sie erzielen ja bereits bei relativ großer Blende eine ordentliche Schärfentiefe, um Ihr Motiv durchgängig scharf abzubilden. Dazu ist es natürlich auch erforderlich, dass sich das Objektiv auf entsprechend kurze Aufnahmeentfernungen einstellen lässt. Bei 100 mm Zoombrennweite beträgt die minimale Aufnahmedistanz der RX100 ca. 50 cm – daraus resultiert ein maximaler Abbildungsmaßstab von etwa 1:4.

Das bedeutet: Sie können Objekte formatfüllend scharf abbilden, die viermal größer sind als der Bildsensor Ihrer RX100. Wenn Sie auf 28 mm Brennweite auszoomen, sinkt die minimale Fokusdistanz auf wenige Zentimeter. Jetzt können Sie sich Ihrem Motiv so weit nähern, dass Sie einen Abbildungsmaßstab von ca. 1:1 erzielen – also auch noch Objekte formatfüllend scharf aufnehmen, die gerade so groß wie der Bildsensor Ihrer RX100 sind.

Hier habe ich das Model hinter einen Busch gestellt und durch das Blätterwerk hindurch aufgenommen. Der Autofokus meiner Kamera hätte bei diesem Motiv unweigerlich auf das Laub im Vordergrund scharf gestellt. Also habe ich von Hand fokussiert.

5.1 So legen Sie fest, was scharf aufs Bild kommt (und was nicht)

Wie (und ob) der Autofokus Ihrer RX100 die Aufnahme scharf stellt, können Sie sehr detailliert festlegen. Dazu stehen Ihnen unter *MENU* > 📷 *2* > *Fokusmodus* die folgenden Betriebsarten zur Verfügung:

◆ AF-S (*Einzelbild-AF*): Ihre RX100 stellt scharf, sobald Sie den Auslöser halb durchdrücken. Solange Sie den Auslöser weiterhin halb durchgedrückt halten, ändert die Kamera die einmal ermittelte Fokusentfernung nicht mehr.

◆ AF-C (*Nachführ-AF*): Solange Sie den Auslöser angetippt halten, regelt Ihre RX100 ständig die Fokusentfernung zum anvisierten Motiv nach. Haben Sie zusätzlich *MENU* ⚙ *3* > *Gesichtsverfolgung* > *Ein* aktiviert, bevorzugt die Fokusnachführung Porträts im Sucherausschnitt.

◆ DMF (*Direkt. Manuelf.*): Sie können die Fokusentfernung bei angetipptem Auslöser von Hand ändern – drehen Sie dazu am Objektivring. Ihre RX100 assistiert Ihnen dabei mit diversen Fokussierhilfen, die Sie für den manuellen Fokus einrichten können.

◆ MF (*Manuellfokus*): Sie geben die Fokusentfernung von Hand vor. Ihre RX100 stellt Ihnen dazu eine Reihe von Assistenten zur Seite, mit deren Hilfe Sie die Entfernung schnell und präzise einstellen – dazu gleich mehr.

> **Fokusmodus bei Vollautomatiken und Motivprogrammen**
> Nach welcher Methode Ihre RX100 scharf stellen soll, geben Sie nicht nur in den Modi P, A, S und M vor – den Fokusmodus können Sie auch in Verbindung mit den Vollautomatiken und Motivprogrammen der RX100 ändern. Dabei gibt es nur eine kleine Einschränkung: Je nach Automatik lässt die Kamera keine Wahl zwischen AF-S und AF-C zu. Nutzen Sie diese Möglichkeit vor allem auch, um manuell scharf zu stellen (siehe Seite 136) – etwa wenn Ihre RX100 unter schlechten Lichtverhältnissen nicht automatisch fokussieren kann.

5.1.1 Worauf soll der Autofokus scharf stellen?

Standardmäßig entscheidet der Autofokus Ihrer RX100 selbstständig, auf welche Motivpartie er scharf stellt. Sie können aber auch gezielt vorgeben, auf welche Bildbereiche Sie die Entfernung einstellen möchten. Auf welche Bildpartie Ihre RX100 den Fokus ausrichtet, legen Sie zunächst mit MENU > ◘ 2 > *AF-Feld* fest – diese Möglichkeiten haben Sie:

◆ *Multi:* Der Autofokus unterteilt das Sucherbild in 25 Felder. Sobald Sie den Auslöser antippen, werden die Felder grün markiert, auf deren entsprechende Motivbereiche Ihre RX100 scharf gestellt hat. Der Autofokus bevorzugt dabei Motive in der Nähe. *AF-Feld > Multi* ist ideal, wenn Sie es weitgehend Ihrer RX100 überlassen möchten, auf welche Motivpartie scharf gestellt werden soll – etwa für Schnappschüsse.

Clevere Gesichtserkennung: Ganz gleich, welchen AF-Modus Sie eingestellt haben (hier »Mitte«), ist die automatische Gesichtserkennung aktiviert, stellt Ihre RX100 auf Gesichter scharf.

◆ *Mitte:* Ihre RX100 verwendet ausschließlich das zentrale AF-Feld, stellt also auf die Motivpartie in der Bildmitte scharf. *AF-Feld > Mitte* ist meine bevorzugte Einstellung, wenn ich freihändig fotografiere: Dabei richte ich die RX100 zunächst so auf das Motiv, dass es vom zentralen Messfeld erfasst wird, drücke den Auslöser halb durch und halte ihn angetippt. Dann schwenke ich die Kamera auf den endgültigen Bildausschnitt und drücke den Auslöser ganz durch, um die Aufnahme auszulösen.

◆ *Flexible Spot* erlaubt Ihnen, das Fokusmessfeld von Hand auf die gewünschte Bildpartie zu legen. Das *Flexible Spot*-AF-Feld ist deutlich kleiner als ein AF-Feld im Modus *Multi*, dadurch können Sie 187 unterschiedliche Positionen ansteuern. Wenn ich meine RX100 auf ein Stativ montiert habe, verwende ich fast ausschließlich *Flexible Spot*.

1. Das graue AF-Messfeld signalisiert, dass die RX100 hier auf eine unbedeutende Motivpartie scharf stellen würde.

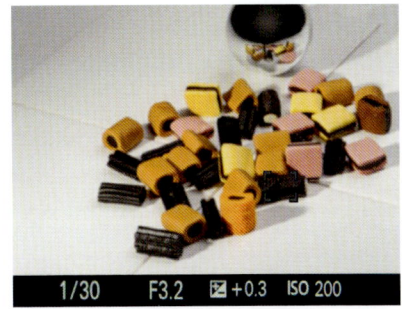

2. Drücken Sie die SET-Taste. Das AF-Feld erscheint nun in Orange, mit den Tasten auf der Vierwegewippe verschieben Sie es an die gewünschte Position.

3. Wenn Sie nun den Auslöser antippen, stellt Ihre RX100 wie gewünscht auf die Bildpartie unter dem AF-Feld scharf.

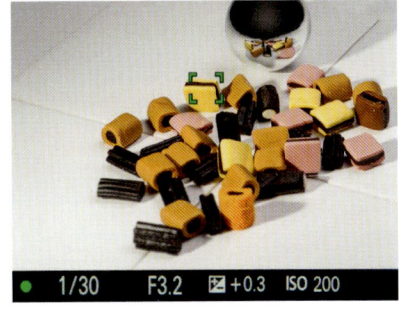

AF-Feld nicht mit Digitalzoom kombinierbar

Sobald Sie den Digitalzoom oder Klarbild-Zoom verwenden, haben Sie keinen Einfluss mehr darauf, auf welche Bildpartie Ihre RX100 scharf stellen wird. Zudem zeigt Ihre Kamera dann nicht mehr an, auf welche Bildpartie sie fokussiert hat. Stattdessen erscheint nur noch ein sehr breiter, gestrichelter Rahmen als Fokusbestätigung. Das Gleiche gilt auch, wenn Ihre RX100 unter widrigen Lichtbedingungen das AF-Hilfslicht aktiviert.

5.1.2 Von Hand scharf stellen – so gelingt es perfekt

Der *Flexible Spot* erleichtert es Ihnen ungemein, auf eine Bildpartie scharf zu stellen, die die Automatik Ihrer RX100 außen vor lassen würde. Doch in manchen Situationen sind Sie noch freier, wenn Sie die Schärfeebene von Hand festlegen.

Das gilt vor allem, wenn Sie zur Aufnahme statischer Motive Ihre Kamera auf ein Stativ montiert haben – und so sicherstellen, dass sich die einmal eingestellte Aufnahmeentfernung nicht mehr ändert, bis Sie Ihr Bild aufgenommen haben. Zudem bleibt Ihnen bei schwierigen Lichtbedingungen oftmals gar keine andere Wahl, als manuell scharf zu stellen – der Autofokus würde viel zu lange brauchen oder überhaupt kein Ziel finden.

Wenn Sie manuell fokussieren möchten, aktivieren Sie zunächst MENU > 📷 2 > *Fokusmodus* > *MF*. Jetzt stellen Sie die Aufnahmeentfernung mit dem Objektivring ein. Drehen Sie ihn links herum, um auf die Nähe zu fokussieren – mit einem Dreh gegen den Uhrzeigersinn vergrößern Sie die Fokusentfernung. Dabei unterstützt Sie Ihre RX100 mit zwei wirklich praktischen Hilfen:

Fokuslupe: Sobald Sie den Fokus manuell verstellen, zeigt das Display oder der Sucher einen Bildausschnitt vergrößert an. Sie können sowohl den Ausschnitt als auch die Vergrößerungsstufe ändern.

Focus Peaking: Auf Wunsch hebt Ihre RX100 Kontrastkanten, die scharf sind, farbig hervor. Für diese Kantenanhebung stehen drei Farben und drei Stufen für die Stärke der Kontur zur Auswahl.

Bringt die Schärfe auf den Punkt: die Fokuslupe

Die Fokuslupe ist standardmäßig aktiv, nachdem Sie mit *MENU >* ◘ *2 > Fokusmodus > MF* auf manuelles Fokussieren umgeschaltet haben. Falls nicht: Mit *MENU >* ✿ *3 > MF-Unterstützung > Ein* aktivieren Sie die Fokuslupe.

Wenn Sie jetzt am Objektivring drehen, zeigt Ihre RX100 einen Ausschnitt des Sucherbildes in 8,6-facher Vergrößerung an. Das reicht Ihnen noch nicht? Dann drücken Sie auf die SET-Taste, um das Sucherbild mit 17,1-facher Vergrößerung zu sehen. Mit den Tasten auf der Vierwegewippe verschieben Sie den sichtbaren Bildausschnitt. Standardmäßig beendet Ihre RX100 die Fokuslupe zwei Sekunden, nachdem Sie am Objektivring gedreht haben. Sie können sie mit *MENU >* ✿ *3 > Fokusvergrößerungszeit > Unbegrenzt* aber auch dauerhaft einschalten – dann verschwindet die Vergrößerung erst, nachdem Sie den Auslöser angetippt haben.

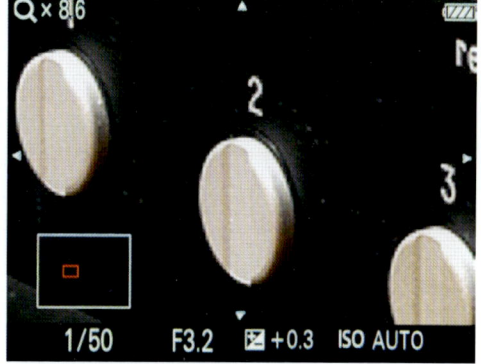

Sobald die Fokuslupe aktiv ist, blendet die RX100 unten links auf dem Display ein kleines Navigationsfeld ein. Das orange Rechteck markiert darin den aktuell sichtbaren Bildausschnitt. Sie verschieben ihn mit den Tasten auf der Vierwegewippe. Mit der SET-Taste schalten Sie zwischen 8,6- und 17,1-facher Vergrößerung um.

Markiert, was scharf wird: das Focus Peaking

Neben der Fokuslupe bietet Ihnen die RX100 einen weiteren Assistenten, der die manuelle Entfernungseinstellung ungemein erleichtert: das Focus Peaking. Bei Sony heißt die Funktion etwas umständlich *Kantenanhebungsstufe*. Sie hebt Kontrastkanten farbig hervor,

Das Focus Peaking markiert hier leuchtend rot die Objektkanten, die scharf wiedergegeben werden. Farbe und Stärke der Markierung können Sie einstellen.

die innerhalb der Schärfeebene liegen. Da Sie dabei den gesamten Bildausschnitt auf dem Display sehen, können Sie per Focus Peaking meist schneller beurteilen, welche Motivpartien scharf sind, als mit der Fokuslupe. Wenn Sie das Focus Peaking erst einmal ausprobiert haben, werden Sie die Funktion nicht mehr missen wollen. So richten Sie sie ein:

1. Wählen Sie unter MENU > ✿ 1 > *Kantenanhebungsstufe* eine andere Vorgabe als *Aus*, um das Focus Peaking zu aktivieren. Ich bevorzuge bei der RX100 die Vorgabe *Mittel*. Bei sehr filigranen Motiven schalte ich auf *Niedrig* um.

2. Unter MENU > ✿ 1 > *Kantenanhebungsfarbe* stellen Sie ein, in welcher Farbe Kontrastkanten markiert werden sollen. Meine bevorzugte Vorgabe ist *Rot*.

Fokussiert wird bei Arbeitsblende

Wer üblicherweise mit einer DSLR-Kamera fotografiert, hat sich daran gewöhnt, dass Entfernung und Belichtung stets bei Offenblende eingestellt werden. Nicht so bei Ihrer RX100: Sie misst stets bei Arbeitsblende, also der Blende, die Sie oder die Belichtungsautomatik vorgeben. Beim manuellen Scharfstellen ist das ein großer Vorteil: Die Schärfentiefe auf dem Sucherbild entspricht exakt der Schärfentiefe, mit der Ihre Kamera das Foto aufnehmen wird. Das gilt auch beim Focus Peaking: Motivpartien, die Ihre RX100 farbig einrahmt, geraten sehr zuverlässig scharf aufs Bild.

Focus Peaking bei Schwarzweiß-Bildern besonders prägnant

Bei ausgesprochen bunten Motiven können Sie eventuell die farbigen Markierungen des Focus Peaking nicht richtig ausmachen. Dann hilft dieser Trick: Geben Sie zunächst MENU > 🔲 1 > *Qualität* > *RAW+J* (RAW & JPEG) vor. Anschließend stellen Sie MENU 3 > *Kreativmodus* auf *B > W* (Schwarz-Weiß). Mit diesen Einstellungen nimmt Ihre RX100 das JPEG-Foto in Schwarz-Weiß auf, die RAW-Datei wird jedoch in Farbe gespeichert. Der Trick dabei ist nun: Das Sucherbild wird ebenfalls in Schwarz-Weiß angezeigt, die farbigen Kantenmarkierungen heben sich gut sichtbar davon ab.

5.1.3 DMF: automatisch scharf stellen, von Hand nachregulieren

Sie haben keine Lust, ständig zwischen verschiedenen AF-Modi und Betriebsarten umzuschalten, damit die RX100 genau so scharf stellt, wie Sie es wünschen? Dann ist die AF-Betriebsart *DMF* (Direct Manual Focus) genau das Richtige für Sie! Sie vereinigt gewissermaßen die Vorteile des Autofokus mit denen des manuellen Scharfstellens. Lassen Sie zum Beispiel den Autofokus schon einmal die Grobarbeit erledigen, Sie regulieren dann nur noch etwas von Hand nach. Umgekehrt geht's auch: Sie stellen zunächst die Entfernung ungefähr von Hand ein, dem Autofokus überlassen Sie anschließend die Präzisionsarbeit. Mit MENU > 🔲 2 > *Fokusmodus* > *DMF* aktivieren Sie diese clevere Funktion. Und so verwenden Sie sie:

◆ Wenn Sie zunächst Ihre RX100 automatisch scharf stellen lassen möchten, drücken Sie wie gewohnt den Auslöser halb durch. Halten Sie den Auslöser weiter angetippt, dann drehen Sie am Objektivring, um den Fokus zu verfeinern.

◆ Sie können auch zunächst bei halb gedrücktem Auslöser die Entfernung manuell am Objektivring einstellen. Lassen Sie den Auslöser dann los und tippen Sie ihn erneut an, damit die RX100 die Fokusentfernung nachregelt.

◆ Das Clevere bei diesem Verfahren ist: Ihre Vorgaben für das manuelle Fokussieren gelten auch für DMF – wenn Sie also das Focus Peaking und/oder die Fokuslupe eingeschaltet haben, sind sie auch bei DMF aktiv.

5.2 Motive im Fokus halten, die sich bewegen

Ein Motiv, das nicht wegläuft, stellt für den Autofokus Ihrer RX100 kein sonderliches Problem dar. Wenn Sie nicht bereits vorab mit halb gedrücktem Auslöser scharf gestellt haben, vergehen etwa 0,4 Sek., bis die RX100 fokussiert hat.

Doch es gibt ja auch noch Motive, die ständig in Bewegung sind – spielende Kinder, umhertollende Hunde oder die Sportwagen auf der Rennstrecke etwa. In diesem Fall reicht es nicht, die Schärfe einmal einzustellen; der Fokus muss vielmehr kontinuierlich nachgeführt werden. Und auch, wenn Sie nicht nur eine Aufnahme, sondern gleich eine Fotoserie aufnehmen, soll natürlich jedes einzelne Bild gleichermaßen scharf sein (mehr zu Serienaufnahmen mit der RX100 lesen Sie ab Seite 146).

Wenn es also darum geht, schnelle Actionmotive einzufangen, schlägt die Stunde des Nachführ-AF (AF-C). Er reguliert die Fokusentfernung kontinuierlich nach, solange Sie den Auslöser halb gedrückt halten. Sie können sogar vorgeben, welches Objekt Ihre RX100 im Fokus halten soll. Sobald Sie Ihre RX100 auf *MENU* > 📷 *2* >

Hier hat der AF-C erfolgreich scharf gestellt, das grüne Fokussymbol links unten zeigt es an. Zudem hatte ich die Fokusnachführung eingeschaltet, der weiße Doppelrahmen markiert die Motivpartie, die der Autofokus verfolgt.

Fokusmodus > AF-C umschalten, ändert sich die Anzeige der Fokusbestätigung links unten im Display:

> **Im Modus AF-C pumpt die Displayanzeige**
> Wenn Sie den Fokusmodus auf AF-C stellen, führt Ihre RX100 den Fokus schneller nach, als sie die Displayanzeige aktualisieren kann. Dabei wird unter Umständen das Sucherbild fortwährend etwas kleiner und dann wieder größer – es »pumpt«. Das ist kein Defekt, sondern völlig normal. Und eine Auswirkung auf Ihre Aufnahme hat dieses Pumpen auch nicht.

◆ ◉ – Der Autofokus arbeitet und hat das Scharfstellen noch nicht abgeschlossen.

◆ ◌ – Ihre RX100 hat scharf gestellt.

◆ ◉ (blinkt) – Der Autofokus Ihrer RX100 findet kein Ziel oder kann auf die anvisierte Bildpartie nicht scharf stellen.

5.2.1 Wie Ihre RX100 den Fokus automatisch mit dem Motiv mitführt

So praktisch das vielleicht auf den ersten Blick aussieht – der AF-C hat auch so seine Tücken. Wenn Sie *AF-Modus > Multi* vorgegeben haben, markiert Ihre RX100 nicht mehr, auf welche Bildpartie sie scharf stellt. Sie könnten natürlich *AF-Modus > Mitte* oder *Flexible*

Spot vorgeben – doch dann wird Ihre RX100 stur auf den vorgegebenen AF-Bereich scharf stellen – auch wenn Ihr Motiv sich aus diesem Bereich hinausbewegt. (Bei Filmaufnahmen ist diese Funktion indes durchaus nützlich, mehr dazu lesen Sie in Kapitel 8 zum Thema Videoaufnahmen).

Ihre RX100 hat daher noch weitere Funktionen an Bord, die Ihnen helfen, stets das gewünschte Motiv im Fokus zu halten: die Fokusnachführung und die Gesichtsverfolgung. Die Gesichtsverfolgung ist standardmäßig aktiviert, wenn Sie die Gesichtserkennung nicht ausgeschaltet haben. Falls nicht, rufen Sie *MENU > ✿ 3 > Gesichtsverfolgung > Ein* auf. Wenn Sie nun Ihre RX100 auf ein Porträt richten und den Auslöser halb durchdrücken, geht es so weiter:

1. Ihre RX100 markiert ein erkanntes Gesicht weiß; sobald sie darauf scharf gestellt hat, wird die Markierung grün.

2. Bewegt sich das Gesicht durch den Sucherausschnitt, folgt ihm die grüne Markierung. Das gilt auch, wenn Sie die Kamera schwenken und damit die Position des Gesichts im Bildausschnitt ändern.

3. Die Gesichtsverfolgung bleibt sogar aktiv, wenn sich die entsprechende Person aus dem Bildausschnitt bewegen sollte. Halten Sie einfach den Auslöser halb gedrückt und schwenken Sie die RX100, bis die Person wieder im Sucher erscheint – die Gesichtserkennung »fängt« sie automatisch wieder ein.

4. Wenn Sie mit der Bildkomposition zufrieden sind, nehmen Sie Ihr Foto auf. Alternativ zeichnen Sie während des gesamten Prozedere kontinuierlich Bilder auf (mehr zu Serienaufnahmen lesen Sie gleich ab Seite 146).

Ganz ähnlich funktioniert die Fokusnachführung. Sie ist für Motive gedacht, die Ihre RX100 nicht automatisch erkennen kann. In diesem Fall geben Sie vor, worauf Ihre Kamera scharf stellen soll und was sie dann im Fokus halten soll. Und so wird's gemacht:

Motive im Fokus halten, die sich bewegen 143

1. Drücken Sie die SET-Taste, um die Fokusnachführung zu aktivieren. Dann richten Sie die RX100 so auf das Motiv, dass es unter der Markierung im Bildzentrum liegt.

Bei Actionfotos starte ich die Fokusnachführung bereits, bevor das eigentliche Motiv ins Bild kommt (links). Dann warte ich, bis das Hauptmotiv sich unter die zentrale Markierung für die Fokusnachführung bewegt (rechts).

2. Haben Sie Ihr Hauptmotiv mit der zentralen Markierung erfasst? Dann drücken Sie die SET-Taste erneut, Ihre RX100 hält das ausgewählte Motiv nun im Griff, es wird von einem weißen Doppelrahmen eingerahmt. Ihre Kamera fokussiert es aber erst endgültig, wenn Sie den Auslöser antippen oder zur Aufnahme durchdrücken.

Links: Nachdem ich die Fokusnachführung mit der SET-Taste bestätigt habe, wird das zentrale Objekt doppelt eingerahmt. Der Doppelrahmen folgt der Bewegung des Objekts (und dem Kameraschwenk). Rechts: Zudem habe ich jetzt den Auslöser angetippt, noch hat aber der Autofokus nicht scharf stellen können.

3. Wenn Sie die Kamera nun schwenken oder sich das von der Fokusnachführung erfasste Objekt im Bildausschnitt bewegt, folgt ihm der weiße Doppelrahmen. Lösen Sie eine Einzelaufnahme aus oder starten Sie eine Serienaufnahme – Ihre RX100 wird versuchen, das einmal erfasste Objekt für die Dauer der gesamten Aufnahmeserie im Fokus zu halten. Falls Sie kein Foto aufnehmen, schalten Sie die Fokusnachführung mit der SET-Taste wieder ab.

Hat die Fokusnachführung der RX100 ein Objekt erst einmal erfasst und sicher scharf gestellt, lässt sie es so schnell nicht mehr los.

Fokusnachführung in der Praxis

So clever die Fokusnachführung auf den ersten Blick erscheinen mag, in der Praxis hat sie durchaus so ihre Tücken. Rechnen Sie mit diesen Schwierigkeiten:

◆ Bei Actionmotiven, die sich ungleichförmig bewegen, ist es bisweilen überhaupt nicht möglich, das Objekt lange genug unter dem zentralen Messfeld zu platzieren, um die Fokusnachführung darauf auszurichten. Besser sieht es aus, wenn wie in meinem Beispiel die Fahrer beim Speedway-Rennen ihre immer gleichen Bahnen ziehen.

◆ Damit Ihre RX100 ein Objekt erkennen kann, muss es sich schon ziemlich deutlich vom Umfeld abheben.

- Die Bedienung der Fokusnachführung ist etwas fummelig. Am besten klappt es, wenn Sie die RX100 auf einem Einbeinstativ befestigen – das hilft, Ihre Kamera ruhig genug zu halten.

- Wenn Ihre RX100 die Schärfe kontinuierlich nachregeln soll (AF-C), klappt das am besten bei Objekten, die sich parallel zur Bildebene bewegen. Kommen Objekte auf die Kamera zu oder entfernen sie sich von Ihnen, kann der AF-C den Fokus häufig nicht schnell genug nachregulieren.

- Hat ein Objekt, das Sie zur Fokusnachführung markiert haben, den Bildausschnitt verlassen, bricht die Fokusnachführung ab. Im Gegensatz zur Gesichtsverfolgung nimmt Ihre RX100 die Fokusnachführung nicht wieder auf, sollte das Objekt erneut auf dem Display erscheinen.

All diese Einschränkungen haben mich dazu bewogen, die Fokusnachführung und auch den AF-C nicht so häufig zu verwenden. Es gibt glücklicherweise Alternativen, mit denen Sie Motive mit viel Action bequemer und vor allem zuverlässiger scharf stellen:

- Ihr Motiv bewegt sich in der Aufnahmeebene, also quer zur Kamera? Dann blenden Sie einfach deutlich ab, z. B. auf f/8. Stellen Sie den Fokus von Hand ein oder geben Sie *DMF* vor und regulieren Sie die Entfernungseinstellung manuell nach. Da f/8 bei Ihrer RX100 bereits eine sehr große Schärfentiefe liefert, wird Ihr Motiv auch dann noch scharf bleiben, wenn es die Entfernung zur Kamera leicht ändert. Alternativ nehmen Sie Serienaufnahmen mit der Zeitpriorität auf (dazu gleich mehr).

- Ihr Motiv bewegt sich auf Sie zu? Dann richten Sie eine manuelle Fokusfalle ein: Stellen Sie manuell auf die Entfernung scharf, in der Sie Ihr Actionmotiv fotografieren möchten. Schalten Sie auch das Focus Peaking (siehe Seite 137) ein. Sobald sich Ihr Motiv in die vorgewählte Schärfezone hineinbewegt, werden die

Das Focus Peaking eignet sich auch hervorragend für Actionaufnahmen. Stellen Sie zunächst die Entfernung manuell ein. Warten Sie dann, bis sich Ihre Actionmotive in die Schärfezone bewegt haben – Ihre RX100 markiert die Kontrastkanten. Wenn es so weit ist, lösen Sie die Aufnahme aus.

Kontrastkanten markiert – lösen Sie jetzt aus. Auch dieses Verfahren können Sie mit schnellen Serienaufnahmen kombinieren, um die Ausbeute an scharfen Bildern zu erhöhen.

5.3 So halten Sie Actionszenen in Bilderserien fest

Haben Sie sich schon einmal gefragt, wie Sportfotografen genau den Moment festhalten, in dem der Ball über die Torlinie schießt? Oder der Stabhochspringer die Latte reißt? Das ganze Geheimnis dieser beeindruckenden Momentaufnahmen sind schnelle Fotoserien. Ihre RX100 kann Fotoserien mit einer Geschwindigkeit von bis zu sieben Fotos pro Sekunde (fps) aufnehmen – da sollte eigentlich immer ein Schuss dabei sein, der Ihren Vorstellungen entspricht.

Jetzt werden Sie sich vielleicht fragen, was Serienbildaufnahmen mit dem Scharfstellen zu tun haben. So viel schon einmal vorab: Die maximale Serienbildrate Ihrer RX100 verträgt sich nicht mit dem

Dank der hohen Geschwindigkeit, mit der die RX100 Serienbilder aufnimmt, halten Sie

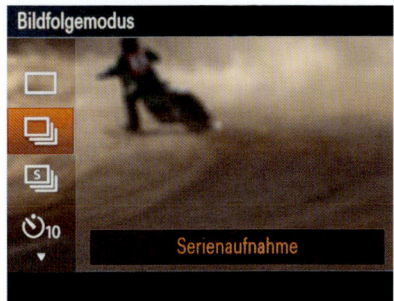 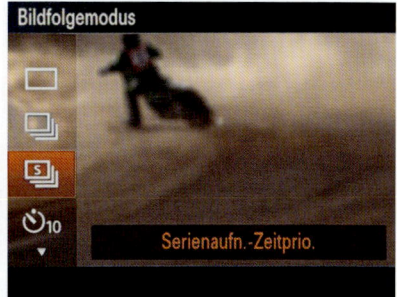

Die RX100 bietet Ihnen zwei verschiedene Modi für Aufnahmeserien.

Autofokus. Oder andersherum gesagt: Soll Ihre RX100 jedes Foto einer Serienaufnahme gesondert scharf stellen, sinkt die Serienbildrate drastisch ab. Seinen Niederschlag findet dies in zwei verschiedenen Serienbildmodi Ihrer RX100. In welchem Modus die RX100 Serienbilder aufnehmen soll, stellen Sie unter *MENU > ◘ 2 > Bildfolgemodus* ein. Oder drücken Sie einfach die Taste ▼, um den Bildfolgemodus als Schnellmenü aufzurufen. Es stehen Ihnen zwei verschiedene Serienbildmodi zur Auswahl:

◆ Bei der *Serienaufnahme* nimmt die RX100 kontinuierlich Bilder auf, solange Sie den Auslöser ganz durchgedrückt halten. Dabei ermittelt sie für jedes einzelne Bild die korrekte Belichtung. Haben Sie AF-C gewählt, wird zudem jedes Foto der Serie scharf gestellt. Diese Vorgaben haben einen recht hohen Einfluss auf die Serienbildgeschwindigkeit. Sie beträgt mit AF-S, bei dem nur auf das erste Bild der Serie fokussiert wird, rund 3,5 fps, mit AF-C sinkt sie auf 2 fps oder noch mehr.

auch bei actionreichen Szenen stets den entscheidenden Moment fest.

◆ Die *Serienaufnahme mit Zeitpriorität* führt weder die Belichtung noch den Fokus während der Aufnahmeserie nach. Von dieser Arbeit befreit, nimmt die RX100 dann mit rund 7 fps auf – also rund alle 1/150 Sek. ein Bild. Dieses hohe Tempo hält sie indes nur für kurze Zeit durch – gerade einmal für rund 2 Sek. (oder 13 RAW- bzw. 15 JPEG-Aufnahmen). Dann ist der interne Pufferspeicher voll und es geht wesentlich gemächlicher mit rund 1,5 fps bei JPEG-Aufnahmen weiter bzw. 0,7 fps, wenn Sie im RAW-Format aufzeichnen.

So leistungsfähig Ihre RX100 auch sein mag – eine richtige Actionkamera ist sie nicht. Das liegt vor allem am Autofokus, der – typisch für eine Kompaktkamera – die Entfernung zwischen zwei Aufnahmen einfach nicht schnell genug nachregulieren kann. Dennoch sind die Funktionen für Serienaufnahmen in der Praxis äußerst wertvoll – in diesen Situationen verwende ich sie gerne:

◆ Porträtaufnahmen nehme ich gerne mit *Serienaufnahme* (langsame Bildrate) auf. Die Gesichtsverfolgung schalte ich ab, den Autofokus betreibe ich im Modus AF-S. Falls das Porträt (wie meistens) nicht in der Bildmitte liegen soll, stelle ich erst bei halb gedrücktem Auslöser Schärfe und Belichtung darauf ein, dann schwenke ich die RX100 auf den gewünschten Bildausschnitt. Zur Aufnahme halte ich dann den Auslöser eine gute Sekunde gedrückt, ich erhalte so drei bis vier Fotos. Meistens entspannt sich die porträtierte Person bereits nach dem ersten Klicken, auf den nachfolgenden Aufnahmen wirkt sie deutlich entspannter.

◆ Auch für Schnappschüsse ohne lange Bildkomposition sind Serienaufnahmen ideal. Wenn der Hund wieder einmal den Kater jagt (oder umgekehrt), wähle ich *Serienaufnahme mit Zeitpriorität*. Außerdem wähle ich den Aufnahmemodus S (Blendenautomatik) und gebe 1/160 Sek. vor. Die ISO-Automatik darf bei meiner RX100 II bis ISO 3200 einstellen.

- Wenn ich aus dem Seitenfenster eines Zuges oder Autos fotografiere, ist die Option *Serienaufnahme* ebenfalls eine gute Wahl. Dann stört es nicht, sollte genau im Moment der Aufnahme ein Laternenpfahl oder Busch im Bild erscheinen – es gibt ja noch genügend andere Aufnahmen. Auch hier kommt es wieder auf eine möglichst kurze Belichtungszeit an, damit aus dem fahrenden Fahrzeug heraus keine Bewegungsunschärfe entsteht.

- Lange Aufnahmeserien (im Modus *Serienaufnahme*) helfen auch, an belebten Orten einen Blick aufs Hauptmotiv zu erhaschen. Anstatt zu warten, bis gerade einmal kein Tourist durch einen wichtigen Bildausschnitt läuft, nehme ich einfach eine längere Serie auf – und hoffe, dass wenigstens ein Foto dabei ist, das meinen Vorstellungen entspricht.

- Bei klassischen Actionaufnahmen führt sowieso kein Weg an der *Serienaufnahme* vorbei. Motive, die sich parallel zur Aufnahmeebene bewegen (wie die Hunde auf Seite 146), nehme ich bevorzugt mit *Serienaufnahme mit Zeitpriorität* auf. Bewegt sich das Motiv auf mich zu oder von mir weg, arbeite ich bevorzugt mit der Fokusfalle (siehe Seite 146). Fehlt mir die Vorbereitungszeit dazu, gebe ich im Modus A f/8 vor, stelle den Fokus manuell auf Unendlich und hoffe, dass die *Serienaufnahme mit Zeitpriorität* ein paar gelungene Aufnahmen liefert (was meistens der Fall ist).

5.4 Wenn der Fotograf mit aufs Bild soll: der Selbstauslöser

Auf Gruppenfotos fehlt einer immer: der Fotograf. Das muss jedoch nicht sein – Ihre RX100 bietet einen Selbstauslöser. Er verzögert die Aufnahme um 2 oder 10 Sek. Insbesondere die Verzögerung von 10 Sek. gibt dem Fotografen Zeit, sich ebenfalls mit in die Personengruppe zu stellen.

5.4.1 Fotografieren mit dem Selbstauslöser

Wenn Sie also auch einmal mit aufs Bild möchten, gehen Sie folgendermaßen vor:

1. Montieren Sie Ihre RX100 am besten auf ein Stativ. Falls das nicht möglich ist, sorgen Sie für einen festen Stand Ihrer Kamera, z. B. auf einer Mauer oder einem Tisch.

2. Drücken Sie die Taste ◀ *Bildfolgemodus* und wählen Sie *Selbstauslöser*. Mit der Taste ▶ wechseln Sie zwischen einer Vorlaufzeit von 2 Sek. und 10 Sek. – nehmen Sie 10 Sek. Bestätigen Sie mit der SET-Taste. Falls Sie eine Serie mit drei oder fünf Fotos aufnehmen möchten, wählen Sie *Selbstaus(Serie)* und geben mit der Taste ▶ die gewünschte Anzahl der Bilder vor.

3. Stellen Sie Ihre Personengruppe auf, richten Sie die Kamera aus und zoomen Sie auf den gewünschten Bildausschnitt.

4. Tippen Sie den Auslöser an, damit Ihre RX100 scharf stellt, dann lösen Sie aus. Das Autofokus-Hilfslicht an der Kamerafront beginnt zu blinken, wobei die Blinkfrequenz immer weiter zunimmt. Zusätzlich signalisieren Pieptöne den Countdown (so Sie diese nicht abgeschaltet haben). Jetzt haben Sie 10 Sek., sich zu der Personengruppe zu gesellen.

5. Haben Sie Ihre Aufnahme im Kasten? Dann vergessen Sie nicht, den *Bildfolgemodus* wieder auf *Einzelbild* zurückzustellen.

Kein Selbstauslöser mit AF-C!
Sie können den Selbstauslöser nicht aktivieren, wenn Sie AF-C als Fokusmodus vorgegeben haben. Stellen Sie MENU > 📷 2 > *Fokusmodus* auf eine andere Betriebsart ein.

5.4.2 Das vollautomatische Selbstporträt

Sie möchten sich schnell porträtieren, vielleicht zusammen mit Ihrer oder Ihrem Liebsten? Dafür ist der Bildfolgemodus *Selbstporträt* gedacht. Der funktioniert vollautomatisch: Nachdem Sie *Selbstporträt* mit der Option *Eine Person* oder *2 Personen* aktiviert haben, drehen Sie die RX100 um, sodass Sie direkt in die Linse blicken. Halten Sie die Kamera am ausgestreckten Arm direkt auf Ihr Gesicht gerichtet. Sobald die RX100 Ihr Konterfei erkannt hat, beginnt der Selbstauslöser-Countdown. Er läuft nach 2 Sek. ab, dann wird das Foto automatisch aufgenommen.

Die pfiffige Funktion »Selbstporträt« lässt Ihnen die Wahl zwischen »Eine Person« und »2 Personen«.

Leider gibt Ihre RX100 keinerlei Rückmeldung, wenn Sie sie so halten, dass Sie an Ihrem Gesicht vorbeizielen. Falls der Countdown nicht beginnt, schwenken Sie die Kamera ganz leicht nach oben oder unten und warten einen Moment – meist reicht die kleine Korrektur, damit Ihr Gesicht komplett im Bildausschnitt erscheint und der Countdown beginnt. Sie erfassen Ihr Porträt am ausgestreckten Arm möglichst formatfüllend, wenn Sie auf ca. 1,5x (40 mm) einzoomen.

Per Smartphone fernsteuern

Die RX100 II lässt sich auch mit der App PlayMemories Mobile von einem Smartphone aus fernauslösen. Wie Sie diese Fernsteuerung einrichten, lesen Sie in Kapitel 10.

6. Farben und Kontrast nach Maß

Auch wenn der automatische Weißabgleich Ihrer RX100 hervorragend arbeitet, gibt es doch Grenzsituationen, in denen Sie die Farbstimmung manuell einstellen müssen oder wollen. Auf den folgenden Seiten werden Ihnen Situationen und Möglichkeiten dazu gezeigt.

Möchten Sie bereits auf Knopfdruck eindrucksvolle Bilder mit leuchtenden Farben, knackigen Kontrasten und brillanter Schärfe erhalten? Oder steht Ihnen der Sinn mehr nach einer zurückhaltenden Bildwiedergabe? Ganz gleich, ob Sie es eher beeindruckend oder zurückhaltend bevorzugen – Ihre RX100 liefert Ihnen stets das Bilderergebnis, dass Sie sich wünschen. Vorausgesetzt, Sie fotografieren in den Modi P, A, S und M – bei den Automatiken und Motivprogrammen haben Sie nur wenige oder gar keine Einflussmöglichkeiten auf die Bildaufbereitung durch Ihre RX100.

6.1 Farben wie gewünscht

6.1.1 Was Sie über den Farbraum wissen sollten

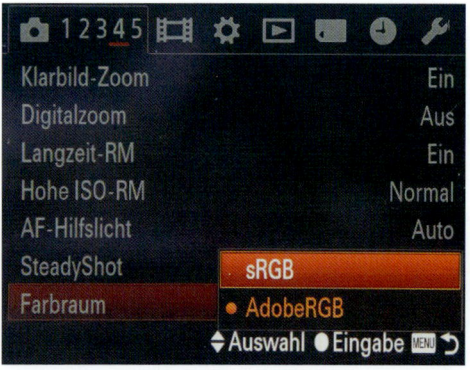

Bevor Sie in die vielfältigen Möglichkeiten Ihrer RX100 zur Farbwiedergabe eintauchen, treffen Sie jetzt eine endgültige Entscheidung: In welchem Farbraum sollen Ihre Aufnahmen gespeichert werden? Ihre RX100 bietet Ihnen unter *MENU* > 📷 *4* > *Farbraum* zwei Alternativen: *sRGB* und *AdobeRGB*.

Welche Einstellung sich für Ihre Zwecke am besten eignet, hängt vor allem davon ab, was Sie nach der Aufnahme mit Ihrem Foto vorhaben:

> **RAW-Dateien sind flexibel**
> Sie wollen sich nicht festlegen, in welchem Farbraum Ihre RX100 aufzeichnen soll? Dann machen Sie es wie ich: Nehmen Sie im RAW-Format auf. RAW-Dateien haben nämlich (noch) kein Farbprofil zugewiesen, das erhalten sie erst bei der Weiterverarbeitung. Sie können sich also später noch entscheiden. Schnelle Schnappschüsse, bei denen Sie sich nicht mehr lange mit der Bildbearbeitung aufhalten möchten, zeichnen Sie dann im JPEG-Format und im Farbraum sRGB auf.

- *sRGB* ist ein relativ kleiner Farbraum, der feinste Farbabstufungen nicht so gut unterscheidet. Er hat dennoch einen großen Vorteil: Alle heutigen Ausgabegeräte und Bildbearbeitungsprogramme beherrschen sRGB. Das bedeutet, die Farben werden unverfälscht so wiedergegeben, wie Ihre RX100 sie aufgenommen hat. Wenn Sie sich keine weiteren Gedanken über das Farbmanagement machen möchten, belassen Sie den Farbraum Ihrer RX100 in der Standardvorgabe *sRGB*.

- *AdobeRGB* unterscheidet deutlich mehr Farbtöne als sRGB. Der Haken dabei ist: Damit Sie davon profitieren, müssen die Ausgabegeräte den erweiterten Farbumfang auch darstellen können. Tintenstrahldrucker und Printer in einem guten Onlinelabor haben keine Probleme damit, die meisten Bildschirme für den Heimgebrauch indes schon. Für sehr hochwertige Prints ist *AdobeRGB* dennoch die erste Wahl.

6.1.2 Sorgt für korrekte Farbwiedergabe: der Weißabgleich

Damit Ihre RX100 Farben korrekt wiedergeben kann, benötigt sie einen Bezugspunkt für neutrales Weiß. Was Weiß ist, hängt vor allem von der Farbe der Lichtquelle ab – oder genauer: von deren Farbtemperatur. Wie die Lichtfarbe die Wahrnehmung von Farben beeinflusst, kennen Sie sicherlich: Wenn Sie dieses Buch im Schummer-

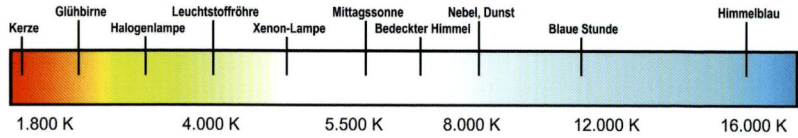

Die Lichtfarbe wird in Kelvin (K) gemessen und hat einen großen Einfluss darauf, ob wir (und Ihre RX100) Objektfarben korrekt wahrnehmen. Stellen Sie den Weißabgleich der RX100 auf ca. 5.500 K ein, wird Weiß im Sonnenlicht auch als Weiß aufgenommen.

licht einer Petroleumlampe lesen, erscheinen die Seiten eher gelb.

Halten Sie das Buch dagegen unter den Lichtbogen eines Schweißgerätes, wirken die Seiten leicht bläulich. Das wird Ihnen indes nur auffallen, wenn Sie genau darauf achten. Die menschliche Wahrnehmung passt sich nämlich sehr gut an die Farbtemperatur des Lichts an, sodass Sie Weiß immer als Weiß sehen – egal, ob eine warme Funzel die Buchseiten beleuchtet oder das gleißende Licht eines Halogenstrahlers.

Ganz ähnlich wie die menschliche Wahrnehmung muss auch

Wie die Farben Ihrer Motive (Objektfarben) aufgenommen werden, steuert der Weißabgleich. Oben: Bei korrektem Weißabgleich mit der Farbtemperatur 6.300 K hat die RX100 die weiße Hauswand im Schatten neutralgrau aufgenommen. Mitte: Hier habe ich die Farbtemperatur auf 9.300 K erhöht, das Bild wirkt sehr warm, fast schon gelbstichig. Unten: Wird der Weißabgleich zu niedrig gewählt (hier 4.300 K), erhält das Bild einen Blaustich.

Ihre RX100 zunächst die Farbtemperatur so eichen, dass Weiß ohne Farbstich wiedergegeben wird. Diese Aufgabe übernimmt in der Regel der automatische Weißabgleich. Er analysiert eine helle Motivpartie und richtet die Wiedergabe der übrigen Farben daran aus. Das funktioniert in der Regel gut, solange nur eine Lichtquelle mit einer Farbtemperatur vorherrscht.

Sie werden jedoch immer mal wieder in Situationen geraten, in denen nicht eine einzige Lichtquelle mit einer klar definierten Farbtemperatur Ihre Szenerie illuminiert. Dabei kann durchaus schon eine farbige Hauswand, die zum Beispiel diffuses Rotlicht auf das Motiv reflektiert, als Lichtquelle angesehen werden. Das Motiv erhält jetzt eine rötliche Tonung und stellt den automatischen Weißabgleich Ihrer RX100 vor ein Problem: Gehören die Rottöne zur Objektfarbe und müssen erhalten bleiben? Oder sind sie eine Folge der Lichtfarbe und gehören eliminiert? Die Automatik wird schwerlich stets die richtige Antwort finden, die Farbwiedergabe gerät so zum Vabanquespiel.

Farbwiedergabe hat großen Einfluss auf Bildwirkung
Bei korrektem Weißabgleich gibt Ihre RX100 die Objektivfarben so unverfälscht wie möglich wieder. Das ist aber durchaus nicht immer erwünscht. Sitzt etwa eine gemütliche Runde abends am Lagerfeuer beisammen, sollten Sie die warme Farbstimmung wahren. Und fotografieren Sie eine nächtliche Szene im kalten Licht einer Bogenlampe, sollte auch die Aufnahme entsprechend kühl wirken. Generell gilt: Warme Farben werden als freundlich und ansprechend empfunden, kühle dagegen als sachlich und distanziert.

6.1.3 Weißabgleich einstellen – diese Möglichkeiten bietet die RX100

Weil der Weißabgleich einen großen Einfluss auf die Farbwiedergabe und damit die Wirkung Ihrer Bilder hat, lässt er sich bei Ihrer RX100 sehr detailliert einstellen. Unter *MENU > ◘ 3 > Weißabgleich* listet Ihnen Ihre RX100 alle Möglichkeiten auf:

- ◆ *AWB* (automatischer Weißabgleich) ist die Standardvorgabe. Die Automatik versucht, die hellste Stelle im Bild reinweiß oder neutralgrau darzustellen. Sie erkennt aber durchaus auch spezielle Lichtsituationen wie Glühlampenlicht oder das Licht der blauen Stunde und wahrt deren Lichtstimmung möglichst. Falls Sie mit den Ergebnissen der Automatik nicht einverstanden sind, können Sie sie übersteuern (siehe Seite 158).

◆ Neben der Vollautomatik bietet Ihnen die RX100 Voreinstellungen für diese Lichtsituationen: *Tageslicht*, *Schatten*, *Bewölkt*, *Glühlampe*, *Leuchtstofflampe* und *Blitz*. Für *Leuchtstofflampe* gibt es vier verschiedene Vorgaben von *Warmweiß* bis *Kaltweiß*. Auch diese Vorgaben können Sie jederzeit wie gewünscht übersteuern.

◆ Unter *Farbtemp. > Filter* geben Sie direkt die Farbtemperatur Ihrer Lichtquelle an, falls sie bekannt ist. Sie können die Vorgabe zudem noch feinanpassen.

◆ *Anpassung* bringt Sie direkt zum Bildschirm für die Feinanpassung des Weißabgleichs, ausgehend von der Farbtemperatur 5.500 K.

◆ Mit *Set* eichen Sie den Weißabgleich per Referenzaufnahme – die beste Methode für eine korrekte Farbwiedergabe.

Im Alltag funktioniert der automatische Weißabgleich der RX100 hervorragend, sodass ich die überwiegende Anzahl meiner Fotos (und Videos) mit der Standardvorgabe *AWB* aufnehme. Das gilt sogar für etwas problematische Lichtsituationen – hier zeichne ich im RAW-Format auf und passe den Weißabgleich nachträglich im RAW-Konverter aufs Kelvin genau an.

> **Farbstimmung im Automatikmodus ändern**
> Sie fotografieren mit Ihrer RX100 im Modus i📷 oder i📷⁺? Direkt können Sie dann keinen Einfluss auf den Weißabgleich nehmen. Aber die Funktion *Fotogestaltung* erlaubt Ihnen immerhin, Ihre Fotos wärmer oder kühler aufzunehmen, als es der automatische Weißabgleich vorsieht. Alles Wichtige dazu lesen Sie in Kapitel 3.

Nur in den folgenden äußerst schwierigen Lichtsituationen kümmere ich mich bisweilen intensiver um den Weißabgleich:

◆ Das Motiv wird überwiegend von Leuchtstofflampen beleuchtet. Da diese kein gleichmäßiges Farbspektrum abstrahlen, kann der automatische Weißabgleich schon einmal aus dem Tritt geraten. Wählen Sie in diesem Fall besser eine der vier Vorgaben für Leuchtstofflampen.

Hier sorgt die Vorgabe »Leuchtst.: Kaltweiß« dafür, dass die Szene an der Bar mit warmen Farben wiedergegeben wird.

◆ Gleich mehrere unterschiedliche Lichtquellen beleuchten das Motiv, etwa kaltweiße LED-Lampen und warmweiße Glühbirnen. Da die Automatik den Weißabgleich bevorzugt an den hellsten Bildpartien ausrichtet, könnte sie in diesem Fall daneben liegen. Richten Sie den Weißabgleich besser auf die Lichtquelle mit dem größten Einfluss aus – etwa mit der Vorgabe *Glühlampe*.

◆ Bei Landschaften unter einem strahlend blauen Himmel, besonders im Schnee: Während die Lichterpartien vom warmen Sonnenlicht beschienen werden, geben die Schatten das sehr kühle Licht des Himmels wieder. Liegt Schnee, tritt die unterschiedliche Farbtemperatur in den Schatten- und Lichterpartien eklatant zutage.

Links: Da der automatische Weißabgleich der RX100 sich an den Lichterpartien im Hintergrund orientiert, erhält der Schnee im Schatten einen kräftigen Blaustich. Rechts: Die Weißabgleichvorgabe »Schatten« sorgt für eine deutlich neutralere Farbstimmung.

Links: Im dichten Unterholz reflektiert das Grün des Laubs auf das helle Fell meiner Hündin. Der automatische Weißabgleich hat dies jedoch als Objektfarbe erkannt und so den Grünstich bewahrt. Rechts: Ich habe den Weißabgleich Richtung Magenta korrigiert, der Grünstich verschwindet. Dass jetzt die hellsten Bildpartien einen leichten Magentastich aufweisen, stört kaum.

◆ Wenn Licht farbig reflektiert oder gefiltert wird. Befindet sich Ihr Motiv unter einem roten Sonnenschirm oder vor einer grünen Hauswand (die nicht im Bild ist), steht der automatische Weißabgleich vor einem Problem: Ist der rote oder grüne Schimmer im Bild Teil der Objektfarben und muss erhalten bleiben? Oder entsteht er durch die Lichtfarbe und muss eliminiert werden?

Wenn ich ein Problem mit dem Weißabgleich habe, versuche ich zunächst, den automatischen Weißabgleich (AWB) anzupassen. So wird's gemacht:

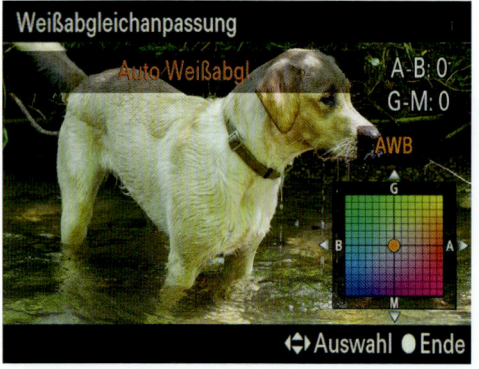

1. Rufen Sie *MENU* > 📷 *3* > *Weißabgleich* > *AWB* auf. Dann drücken Sie die Taste ▶, Sie gelangen zur Weißabgleichanpassung. Rechts unten sehen Sie ein Farbquadrat, die orange Markierung befindet sich dort in der neutralen Mittelstellung.

2. Das Beispielbild zeigt einen Grünstich. Um ihn zu korrigieren, drücken Sie mehrmals die Taste ▼. Die orange Markierung wandert entsprechend nach unten, auf dem Display sehen Sie sofort, wie der Grünstich verschwindet. Ich habe zudem die Markierung mit ▶ um eine Einheit nach rechts in Richtung Amber (Bernsteinfarbe) verschoben, damit die Aufnahme noch einen Tick wärmer wird.

Nachdem ich die Markierung aus der neutralen Mittelstellung verschoben habe, signalisiert die Weißabgleichanpassung die folgenden Angaben: »A-B: A1« und »G-M: M3«. Ich habe also die Automatik um einen Wert (von maximal sieben) Richtung Amber und um drei Werte Richtung Magenta übersteuert.

3. Drücken Sie die SET-Taste, Ihre RX100 kehrt in den Aufnahmemodus zurück. Wenn Sie das Bildschirmlayout auf *Alle Infos anzeigen* einstellen, informiert Sie Ihre Kamera über die geänderte Weißabgleichanpassung.

Im Bildschirmlayout »Alle Infos anzeigen« informiert Sie Ihre RX100 ausführlich über Ihre Weißabgleichanpassung.

Bei allen Vorgaben mit Ausnahme des benutzerdefinierten Weißabgleichs steht Ihnen die Weißabgleichanpassung zur Verfügung, unter *Anpassung* greifen Sie direkt darauf zu. Den benutzerdefinierten Weißabgleich verwenden Sie, wenn Sie eine äußerst exakte Farbwiedergabe wünschen. Sie brauchen dazu eine Weißabgleichkarte, zur Not tut es auch der graue Rücken eines Notizblocks (aber nehmen Sie kein weißes Blatt Papier, da dies oft noch optische Aufheller enthält und somit nicht reinweiß ist).

> **Ihre Vorgaben gelten dauerhaft!**
> Falls Sie eine Weißabgleichvorgabe per Weißabgleichanpassung ändern, gelten diese Einstellungen dauerhaft – sogar wenn Sie Ihre RX100 zwischenzeitlich ausschalten. Denken Sie daran vor allem, wenn Sie den automatischen Weißabgleich feintunen. Andernfalls laufen Sie Gefahr, dass spätere Aufnahmen nicht die gewünschte neutrale Farbanmutung erhalten.

6.1.4 Weißabgleich auf den Punkt genau einstellen

So schön es auch ist, dass Ihre RX100 jede Änderung am Weißabgleich unverzüglich auf dem Display zeigt – unbestechlich ist die Anzeige natürlich nicht. Sie gibt Ihnen wohl eine Idee, ob Ihr Foto zu warm oder zu kühl werden wird – für eine 100-prozentig korrekte Farbwiedergabe taugen Display oder Sucher indes nicht. Wenn es Ihnen auf eine möglichst naturgetreue Farbwiedergabe ankommt, hilft nur eines: Messen Sie die Farbtemperatur des vorherrschenden Lichts exakt aus.

Alles, was Sie für diesen manuellen Weißabgleich brauchen, ist eine Weißabgleichkarte – zur Not geht auch eine graue Pappe. Platzieren Sie diese Referenz im Bild oder drücken Sie sie Ihrem Model in die Hand. Wenn Sie kein Hilfsmittel parat haben, wählen Sie eine Bildpartie, die in natura hellgrau ist. So eichen Sie dann Ihre RX100 auf die Farbtemperatur im Motiv:

Für den manuellen Weißabgleich benötigen Sie eine neutralgraue Fläche – am besten eine Grau- oder Weißabgleichkarte.

1. Rufen Sie MENU > ◻ 3 > Weißabgleich > SET auf. Den benutzerdefinierten Weißabgleich können Sie nur über das Hauptmenü einstellen, jedoch nicht via Schnellmenü.

2. Bestätigen Sie mit der SET-Taste. In der Mitte des Sucherbildes erscheint ein Spotmessfeld – richten Sie es auf die Weißabgleichkarte, dann drücken Sie den Auslöser.

Achten Sie darauf, dass Ihre Weißabgleichkarte vom Messfeld der RX100 erfasst wird.

3. Ihre RX100 zeigt das Sucherbild in den Farben der geänderten Weißabgleicheinstellung. Drücken Sie die SET-Taste erneut, um die Messung zu bestätigen und mit dem ermittelten Weißabgleichwert zu fotografieren.

Ihre RX100 zeigt die ermittelten Werte an. Hier hat sie eine Farbtemperatur von 6.600 K gewählt und mit »G-M: M4« den Grünstich eliminiert.

6.2 Automatische Bildbearbeitung direkt in Ihrer RX100

Sie hätten gerne Fotos nach Maß? Oder Ihre Bilder sollen mehr Pep erhalten, um sich von der Masse abzuheben? Doch Sie haben keine Lust, dafür Ihre Aufnahmen mühsam am Rechner nachzubearbeiten? Dann stellen Sie die Bildaufbereitung Ihrer RX100 derart ein, dass sie Ihnen auf den Punkt genau das gewünschte Ergebnis liefert – dazu geben Sie Ihren gewünschten Bildstil im *Kreativmodus* vor. Für jeden Bildstil, den Sie per Kreativmodus einstellen können,

> **Image Data Converter**
>
> Mit dem Image Data Converter legt Sony Ihrer RX100 eine Software bei, die RAW-Aufnahmen in herkömmliche Bilddateien konvertiert. RAW-Dateien enthalten weitgehend nur die rohen Daten, wie sie der Bildsensor Ihrer RX100 geliefert hat – der Bildprozessor der Kamera tastet sie nicht an. Erst im Image Data Converter (oder einem anderen RAW-Konverter wie Lightroom) entwickeln Sie Ihre RAW-Aufnahmen, dabei stellen Sie zum Beispiel Kontrast, Schärfe und Sättigung ein oder korrigieren kleinere Belichtungsfehler. Falls Ihnen das Programm fehlt, können Sie den Image Data Converter unter *http://www.sony.de/support/de/product/DSC-RX100* kostenlos auf Ihren Rechner laden.

lassen sich zudem noch Kontrast, Sättigung und Schärfe regulieren. Neben den Bildstilen hält Ihre RX100 zudem noch eine Vielzahl an Bildeffekten bereit.

Bildstile und Bildeffekte wirken sich nur auf JPEG-Aufnahmen aus. Wenn Sie im RAW-Format aufzeichnen, bleiben Ihre Vorgaben unter *Kreativmodus* wirkungslos – Sie können Ihren RAW-Fotos jedoch nachträglich im Image Data Converter einen Bildstil zuweisen. Im Gegensatz dazu bleiben die Bildeffekte bei RAW-Aufnahmen stets außen vor. Sie lassen sich weder in Ihrer RX100 aktivieren noch kennt sie der Image Data Converter.

6.2.1 Der Kreativmodus – Bildaufbereitung nach Maß

Unter MENU > 📷 3 > *Kreativmodus* haben Sie die Möglichkeit, die Bildaufbereitung Ihrer RX100 nach Maß einzustellen – jedoch nur, wenn Sie Ihre Kamera in den Modi P, A, S oder M betreiben. In den Vollautomatiken i📷 und i📷⁺ stehen Ihnen die Bildstile nicht zur Verfügung – ebenso nicht in den Motivprogrammen. Es stehen Ihnen sechs Vorgaben zur Auswahl, die Ihren Aufnahmen einen ganz unterschiedlichen Look verleihen. Diese Optionen haben Sie:

Automatische Bildbearbeitung direkt in Ihrer RX100

 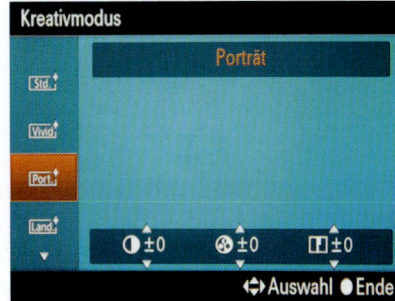

Bestätigen Sie den Menüpunkt »Bildeffekt« mit der SET-Taste (links), dann wählen Sie den gewünschten Bildstil aus – hier »Porträt« (rechts).

◆ Standard liefert Aufnahmen, die bereits recht kräftig für die Druckausgabe aufbereitet sind.

◆ Lebhaft bereitet die Bilddaten noch kräftiger auf. Diese Vorgabe sorgt für kräftige Kontraste und stark leuchtende Farben.

◆ Porträt gibt Ihre Bilder mit sanften Kontrasten und nur schwach geschärft wieder, Ihre Fotos wirken damit sanft und weich. Alternativ oder zusätzlich lassen Sie Ihre RX100 mit *MENU > Kamera > Soft-Skin-Effekt* gezielt die Hauttöne weichzeichnen (alles zum *Soft-Skin-Effekt* lesen Sie in Kapitel 3).

◆ Landschaft arbeitet ähnlich wie *Lebhaft*, betont aber vor allem Blau- und Grüntöne.

◆ Sonnenuntergang hebt Rot- und Orangetöne besonders hervor. Sie verstärken den Effekt, indem Sie beim Weißabgleich die Farbtemperatur kräftig reduzieren.

◆ Schwarz/Weiß nimmt nur Graustufen auf, die Tonwerte sind sehr neutral abgestuft. Eindrucksvollere Ergebnisse erzielen Sie mit den Bildeffekten *Hochkontr.-Mono.* und *Sattes Monochrom*.

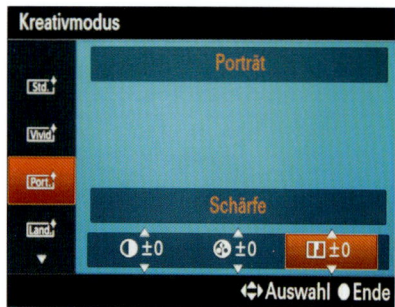 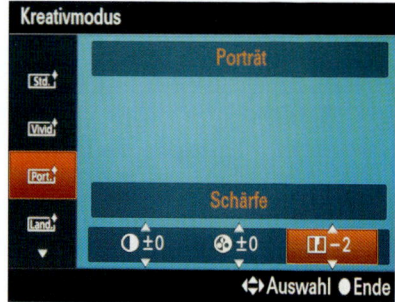

Um die Vorgaben eines Bildstils anzupassen, drücken Sie zunächst ▶ (links). Sie ändern die Werte mit ▼ und ▲ (rechts).

Bei jedem einzelnen Kreativmodus können Sie zudem Kontrast, Sättigung und Schärfe zwischen –3 und +3 einstellen.

◆ Kontrast regelt, wie hart dunkle und helle Bildbereiche voneinander abgegrenzt sind. Ein hoher Kontrast lässt Ihre Aufnahmen härter wirken, ein geringer lässt sie weicher erscheinen.

◆ Sättigung gibt vor, wie kräftig die Farben in Ihrem Bild leuchten sollen. Eine hohe Sättigung lässt schnell feinste Details in sehr farbigen Bereichen untergehen. Die Option *Sättigung* ist beim Kreativmodus *Schwarz > Weiß* nicht verfügbar.

◆ Schärfe stellt ein, wie sehr Ihre RX100 Kontrastkanten betonen soll. Ein hoher Kantenkontrast lässt Ihr Bild schärfer wirken, kann aber durch sogenannte Überschwinger auch zu hässlichen Leuchtkonturen an ausgeprägten Kanten führen.

Ich verwende die Möglichkeiten zur Manipulation des Aufnahmeergebnisses praktisch nie. Für meinen Geschmack ist es deutlich komfortabler, im RAW-Format aufzuzeichnen und dann den Aufnahmen nachträglich im Image Data Converter unter *Kreativmodus* den gewünschten Bildstil zuzuweisen. So wird's gemacht:

Automatische Bildbearbeitung direkt in Ihrer RX100

Wenn Sie im RAW-Format aufzeichnen, können Sie im Image Data Converter die Bildstile des Kreativ-modus auch noch nachträglich auf Ihr Foto anwenden – und jederzeit ändern.

1. Starten Sie den Image Data Converter. Mit *Datei > Öffnen* holen Sie die gewünschte RAW-Datei auf den Bildschirm.

2. Rechts in der Bearbeitungsleiste listet Sonys RAW-Konverter Ihre Bearbeitungsmöglichkeiten auf. Klicken Sie auf das Dreieck vor dem Eintrag *Kreativmodus*.

3. Es erscheint eine Liste mit den Kreativstilen Ihrer RX100. Wählen Sie Ihre Vorgabe, hier *Standard*.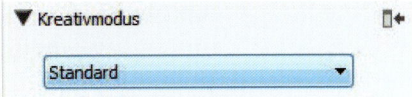

Falls Sie mit den Möglichkeiten des Kreativmodus in Ihrer RX100 experimentieren möchten: Denken Sie daran, dass Bildstile Ihre Aufnahmen sofort und dauerhaft ändern. Haben Sie ein Porträt im Kreativmodus *Sonnenuntergang* aufgenommen, wundern Sie sich nicht über sonderbare Hauttöne. Und wenn Sie sich für den Modus *Schwarz > Weiß* entscheiden, sind die Farben im Bild unwiderruflich verloren.

6.2.2 Bildeffekte – die ganz besondere Note für Ihre Fotos

Auf den ersten Blick mag es Ihnen vielleicht nicht einleuchten, dass ich das Thema Bildeffekte hier in diesem Kapitel über fortgeschrittene Aufnahmetechniken nochmals hervorhole. Um Bildeffekte ging es schließlich schon einmal im Zusammenhang mit den Automatikprogrammen Ihrer RX100 (siehe Kapitel 3). Sollten Sie aber als fortgeschrittener Fotograf Ihre RX100 in den Modi P, A, S oder M betreiben, steht Ihnen eine Reihe weiterer Bildeffekte zur Verfügung – und die meisten davon können Sie zudem noch feinanpassen. Einige Bildeffekte sind für meinen Geschmack ziemlich gut gelungen, andere hingegen nicht so sehr. Zu meinen Favoriten zählen *HDR Gemälde*, *Soft High-Key* und *Sattes Monochrom*.

Allerdings sind Bildeffekte nicht möglich, wenn Sie im RAW-Format aufzeichnen. Das ist umso bedauerlicher, als sich die Bildeffekte nachträglich nicht mehr erzielen lassen. Ihnen bleibt also nichts anderes übrig, als in den JPEG-Modus umzuschalten, wenn Sie Bildeffekte wünschen. Wichtig auch: Wenn Sie einen Bildeffekt wählen, zeichnet Ihre RX100 keine unverfälschte Aufnahme auf. Bei wichtigen Motiven sollten Sie also besser zusätzlich ein Foto ohne Effekt aufnehmen. Das alles sollte Sie jedoch nicht daran hindern, die Effektmöglichkeiten Ihrer RX100 einmal auszuprobieren – etwa den Bildeffekt *Illustration*:

1. Falls nötig, aktivieren Sie *MENU* > 📷 *1* > *Qualität* > *FINE* oder *STD*, damit Ihre RX100 im JPEG-Format aufzeichnet.

2. Rufen Sie unter *MENU >* ◘ *3 > Bildeffekt* den gewünschten Effekt auf, hier *Illustration*.

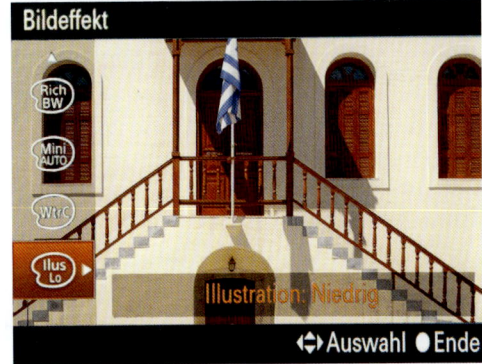

3. Bei vielen Effekten können Sie mit den Tasten ◄ und ► die Stärke bzw. weitere Optionen festlegen. Hier habe ich *Hoch* gewählt.

4. Nehmen Sie wie gewohnt Ihr Foto auf. Es dauert unter Umständen etwas länger als üblich, bis Ihre RX100 zur nächsten Aufnahme bereit ist – sie muss ja zunächst den Bildeffekt berechnen.

Für die Bildeffekte gibt es keine Vorschau. Erst nach der Aufnahme sehen Sie, wie sich der gewählte Effekt auf Ihr Foto auswirkt.

Die nachstehende Übersicht zeigt, welche Bildeffekte Ihnen die RX100 bietet. Unter *Optionen* sehen Sie, ob sich der Effekt gegebenenfalls mit den Tasten ◀ und ▶ anpassen lässt (nicht möglich per Fotogestaltung in den Modi i📷 und i📷⁺). Falls es bei den Bildeffekten weitere Einschränkungen in der *Fotogestaltung* gibt, nennt sie die Übersicht ebenfalls.

Spielzeugkamera
Foto sieht aus wie mit einer Spielzeugkamera aufgenommen: starke Vignette sowie auf Wunsch Farbstich. Der Effekt eignet sich gut für Kinderporträts.
Optionen: Farbstich aus oder Farbe wählbar
Fotogestaltung: ja (ohne Farbstich)

Pop-Farbe
Erzeugt sehr starke Farben. Besonders geeignet für Motive mit ausgeprägten Farben.
Optionen: keine
Fotogestaltung: ja

Posterisation
Starke Betonung einer wählbaren Farbe bzw. Schwarz oder Weiß. Sehr harte Kontraste. Empfiehlt sich für Fotos, die für Plakate etc. verwendet werden sollen.
Optionen: Farbe, die betont werden soll
Fotogestaltung: als *Tontrennung Farbe* > *Tontrennung SW*

Retro-Foto
Foto sieht aus wie gealtert: Sepia-Tönung, schwache Kontraste. Schöner Effekt bei alten Gegenständen.
Optionen: keine
Fotogestaltung: ja

Soft High-Key
Aufnahmen wirken kühl, hell und zart mit etwas reduzierten Details. Eignet sich besonders für zarte Motive wie Porträts oder Blumen.
Optionen: keine
Fotogestaltung: ja

Teilfarbe
Erzeugt ein Schwarzweiß-Bild, bei dem Motivpartien mit der vorgegebenen Farbe farbig erhalten bleiben (Color Keying). Interessanter Effekt, um das Hauptmotiv besonders zu betonen.
Optionen: Farbe, die erhalten bleiben soll (nur in den Modi P, A, S, M)
Fotogestaltung: als *Teilfarbe: Rot*, *Teilfarbe: Grün*, *Teilfarbe: Blau* und *Teilfarbe: Gelb*.

Hochkontr.-Mono.
Erzeugt Schwarzweiß-Bild mit hohem Kontrast. Wirkt besonders gut bei kantigen Motiven.
Optionen: keine
Fotogestaltung: ja

Weichzeichnung
Weiche bis sehr softe Kontraste und sehr geringe Schärfe. Empfohlen, um Formen aufzulösen.
Optionen: Effektstärke
Fotogestaltung: nicht verfügbar

HDR Gemälde
Erzeugt per Mehrfachaufnahme HDR-Bilder mit typischem Tonemapping-Effekt. Besonders geeignet für Architektur- oder Landschaftsaufnahmen bei stark bewölktem Himmel.
Optionen: Effektstärke
Fotogestaltung: nicht verfügbar

Sattes Monochrom
Erzeugt per Mehrfachaufnahme Schwarzweiß-Bilder mit sehr fein abgestuften Tonwertdetails. Ideal für Motive mit sehr vielen Details.
Optionen: keine
Fotogestaltung: nicht verfügbar

Wasserfarbe
Bild wirkt wie mit zerlaufenden Wasserfarben gemalt. Eine interessante Verfremdung, vor allem bei kleinteiligen Motiven.
Optionen: keine
Fotogestaltung: nicht verfügbar

Miniatur

Nur eine enge vertikale oder horizontale Zone im Bild wird scharf wiedergegeben, der Rest verschwimmt in Unschärfe. Ort und Ausrichtung der Schärfezone lassen sich vorgeben. Fotos aus der realen Welt wirken so wie Aufnahmen einer Spielzeuglandschaft. Damit der Effekt wirkt, sollte von einem erhöhten Standpunkt aus fotografiert werden.

Optionen: Schärfezone
Fotogestaltung: nicht verfügbar

Illustration

Betont Kanten und füllt Fläche, Bild wirkt wie eine Farbzeichnung. Der Effekt wirkt besonders gut bei Motiven mit harten Kanten und ausgeprägten Flächen.

Optionen: Effektstärke
Fotogestaltung: nicht verfügbar

7. Blitzbelichtung mit Ihrer RX100/RX100 II

Blitzen mag oft die einzige (Not-)Lösung sein, um überhaupt noch Fotos aufnehmen zu können. Jedoch kann die oft ungeliebte Blitzwirkung auch gezielt zur Bildoptimierung eingesetzt werden, je nach Aufnahmesituation. Wie Sie den Blitz Ihrer Sony optimal einsetzen, werden Sie in diesem Kapitel erfahren.

Wenn Ihr Hauptmotiv im Dunkeln liegt, holt es ein Blitzgerät ins Licht. Dabei gibt es große Unterschiede zwischen den beiden RX100-Modellen: Bei der RX100 sind Sie auf das kleine Bordblitzchen beschränkt, die RX100 II lässt sich zusätzlich via Zubehörschuh mit einem externen Blitzgerät ausstatten, das deutlich leistungsfähiger ist und mehr Möglichkeiten zur Blitzbelichtung bietet.

Links: Nur die RX100 II lässt sich via Multi-Interface-Zubehörschuh mit einem externen Blitzgerät ausstatten – etwa mit dem HVL-F20M wie hier.
Rechts: Beide RX100-Modelle bieten einen internen Bordblitz, der indes nicht sonderlich leistungsstark ist (Bilder: ©Sony).

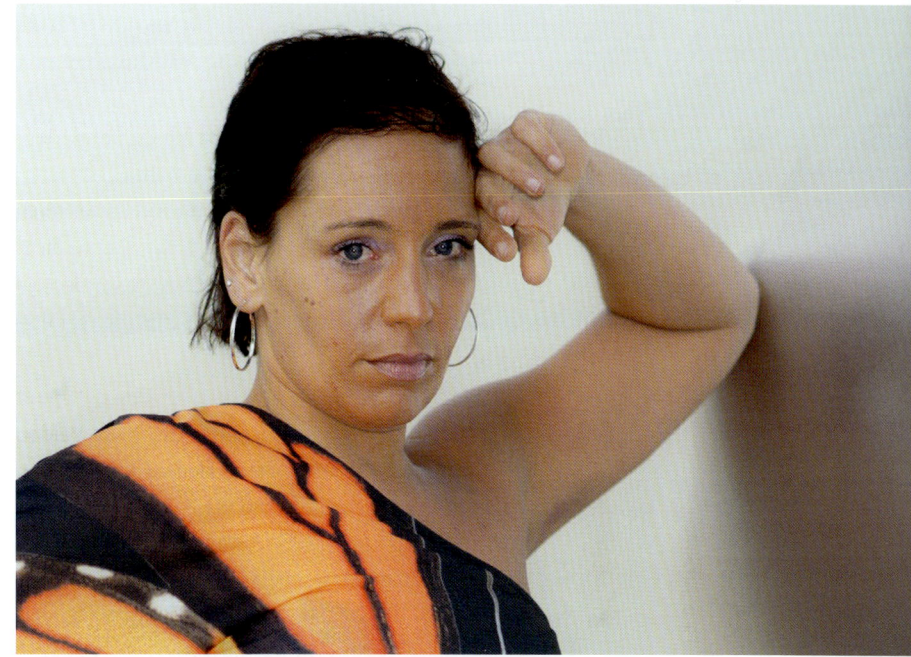

Ein Blitzlicht dient nicht nur dazu, eine dunkle Szene zu illuminieren. Hier habe ich mit einem sanften Aufhellblitz die Schattenpartien leicht aufgehellt. Zudem zaubert das Blitzlicht ein schönes Funkeln in die Augen.

Der kleine Bordblitz Ihrer RX100 weist eine Leitzahl von knapp 6 auf. LZ 6 heißt: Bei Blende 1.0 und ISO 100 reicht das Blitzlicht 6 m weit. Mit f1.0 können Sie mit Ihrer RX100 nicht fotografieren, andererseits dürfen Sie gerne die ISO-Empfindlichkeit erhöhen, um die Blitzreichweite zu steigern. Gehen Sie also davon aus, dass der direkt aufs Motiv gerichtete Bordblitz Motive bis in etwa 5–6 m Entfernung ausleuchten kann.

Das gilt indes nur für den direkt aufs Motiv gerichteten Blitz. Sie werden gleich sehen, dass dieses direkte Blitzlicht Ihrem Motiv meist überhaupt nicht guttut. Viel ansprechender leuchten Sie Ihre Aufnahme mit einem indirekten Blitz aus, der zum Beispiel über eine Zimmerdecke auf das Motiv gelenkt wird. Dies ist indes für die Bordblitze Ihrer RX100 nicht vorgesehen – ganz abgesehen davon, dass sie dafür schon fast zu schwach auf der Brust sind.

Ein externes Blitzgerät können Sie jedoch nur an der RX100 II via Multi-Interface-Zubehörschuh anschließen. Dessen Fassung und Anschlüsse entsprechen dem ISO-Standard, sodass sich kompatible Blitzgeräte mit ISO-Schuh anschließen lassen. Bisherige Sony- oder Minolta-Blitzgeräte können Sie mit dem separat erhältlichen Adapterschuh ADP-MAA (ca. 25 Euro) ebenfalls an der RX100 II verwenden.

7.1 Für jede Aufnahmesituation der optimale Blitzmodus

Ihre RX100 bietet verschiedene Betriebsarten für das Blitzlicht (intern wie extern), mit denen es optimal an die jeweilige Aufnahmesituation angepasst wird.

◆ Die *Blitz-Automatik* und der Modus *Blitz Aus* stehen Ihnen nicht in den Modi P, A, S, M zur Verfügung, sondern nur in den Vollautomatiken sowie bei einigen Motivprogrammen.

◆ Die Modi *Aufhellblitz, Langzeitsynchronisation* sowie *Synchronisation 2. Vorhang* lassen sich nur in den Modi P, A, S und M Ihrer RX100 frei wählen.

◆ Die Vollautomatiken i📷 und i📷⁺ erlauben Ihnen die Wahl zwischen *Blitz Aus, Aufhellblitz* und *Blitz-Automatik*, Letztere legt den Modus selbstständig fest.

◆ Die meisten Motivprogramme erlauben nur die Wahl zwischen *Blitz Aus* und *Aufhellblitz*. Einige Motivprogramme lassen die Verwendung eines Blitzlichts überhaupt nicht zu, andere geben den Modus fix vor. Darüber müssen Sie sich keine Sorgen machen, die Motivautomatiken sind ja perfekt auf das Blitzlicht abgestimmt.

Hinzu kommen eine Reihe von Aufnahmemodi, die sich nicht mit dem Blitzlicht kombinieren lassen. Dazu zählen zum Beispiel alle

Programme und Funktionen, die mit Mehrfachaufnahmen arbeiten – etwa das Motivprogramm *Handgehalten bei Dämmerung* oder die Multiframe-Rauschunterdrückung. HDR-Aufnahmen sind eingeschränkt mit Blitzlicht möglich (der Modus muss vor der Aktivierung des Blitzes ausgewählt werden, es wird nur das erste Bild der Belichtungsreihe mit Blitz belichtet), sinnvoll ist dies jedoch nicht.

7.1.1 Blitz-Automatik und Aufhellblitz

Wenn Sie Ihre RX100 im Modus i📷 oder i📷⁺ betreiben, haben Sie drei Wahlmöglichkeiten für den Blitzmodus:

◆ **Blitz-Automatik:** Ihre RX100 entscheidet selbst, ob sie das Blitzlicht ausführt, auslöst und in welchem Modus es betrieben wird. Wichtig: Sollte die Automatik den Blitz anfordern, springt er automatisch heraus, sobald Sie den Auslöser halb niederdrücken – halten Sie daher die linke Gehäuseoberseite frei.

◆ **Aufhellblitz:** Damit weisen Sie Ihre RX100 an, das Blitzlicht auf alle Fälle auszulösen – etwa für eine Porträtaufnahme.

◆ **Blitz Aus:** Bewirkt genau das Gegenteil – Ihre RX100 wird auf keinen Fall blitzen. Praktisch ist das für Aufnahmen in Museen oder im Theater, wo die Verwendung eines Blitzlichts meist nicht gestattet ist.

Ob Sie oder die Automatik das Blitzlicht aktivieren, hat bisweilen dramatische Auswirkungen auf Ihr Foto. Oben: Bei dieser Gegenlichtaufnahme hat die Automatik den Blitz ausgelöst und so für eine ausgewogene Belichtung gesorgt. Unten: Hier habe ich die Belichtung auf den Plüschbären gelegt und das Motiv ohne Blitzlicht aufgenommen, der wesentlich hellere Hintergrund wird dadurch überbelichtet. Die beiden Aufnahmen unterscheiden sich grundlegend in ihrer Bildwirkung – welche Variante Sie bevorzugen, bleibt ganz Ihnen überlassen.

Steht der Blitzmodus auf Automatik, springt der Bordblitz der RX100 bei Bedarf selbstständig auf. Decken Sie ihn daher nicht ab.

Wenn Sie Ihre RX100 in einer der beiden Vollautomatiken betreiben, ist die Vorgabe *Blitz-Automatik* meist eine gute Wahl. Dann müssen Sie sich um nichts kümmern – was ja Sinn und Zweck der Vollautomatiken ist. Falls Sie das Blitzlicht ausnahmsweise einmal erzwingen oder abschalten möchten, ist das schnell erledigt: Drücken Sie die ▶-Taste und wählen Sie den gewünschten Modus.

Einen Nachteil hat die Vollautomatik allerdings: Sie können die Leistung des Blitzlichts nicht regulieren (keine Blitzbelichtungskorrektur (siehe Seite 177)). Die werden Sie indes häufiger benötigen, denn die RX100 hat eine kleine Unart: Wenn Sie auf ein Objekt weit im Vordergrund scharf stellen und blitzen, wird es im Verhältnis zur Umgebung meist deutlich zu hell.

Rotgeblitzte Augen vermeiden

Sicher haben Sie auch schon einmal Porträtfotos mit Blitzlicht aufgenommen, auf denen die Augen rot wie Kohlen glühen. Diese rotgeblitzten Augen entstehen dadurch, dass die Netzhaut das Blitzlicht rot zurückwirft. Sicher vermeiden lässt sich das Problem nur mit einem externen Blitz an der RX100 II, dessen Licht Sie über einen Reflektor umlenken. Immerhin hält Ihre RX100 eine Funktion gegen »Kaninchenaugen« bereit. Sie feuert vor dem eigentlichen Hauptblitz eine Salve schwächerer Blitze ab, die die Pupillen der porträtierten Person schließen sollen. Mit *MENU* > ⚙ *1* > *Rot-Augen-Reduz* > *Ein* aktivieren Sie diese Vorblitzsalve. Sie ist stets aktiv, unabhängig vom Blitzmodus – vergessen Sie daher nicht, die Blitzsalve wieder auszuschalten.

7.1.2 So geben Sie den gewünschten Blitzmodus vor

Wenn Sie Ihre RX100 in einem der Modi P, A, S oder M betreiben, steht Ihnen die Blitzautomatik nicht zur Verfügung. Die Kamera erwartet von Ihnen, dass Sie gegebenenfalls den gewünschten Blitzmodus aktivieren. Nachdem Sie die ▶-Taste gedrückt haben, haben Sie die Wahl zwischen diesen Modi:

In den Modi P, A, S und M entscheiden Sie, ob und in welchem Modus der Blitz Ihrer RX100 auslöst.

◆ Aufhellblitz löst das Blitzlicht aus. Dieser Modus eignet sich für die meisten Gelegenheiten, die Stärke des Blitzlichts lässt sich regulieren.

◆ Slow (Langzeitsynchronisation) wählt in dunkler Umgebung die Belichtung so, als würden Sie das Blitzlicht nicht verwenden. Es sorgt dann vor allem dafür, dass der Bildvordergrund ebenso hell wird wie das Umfeld. Sie erfahren gleich noch mehr zu dieser praktischen Funktion.

◆ Rear (Synchronisation auf den zweiten Vorhang) löst den Blitz erst am Ende der Belichtungszeit aus. Dieser Modus eignet sich vor allem, wenn Sie Actionmotive in dunkler Umgebung fotografieren. Auch diesen Modus werden Sie gleich noch genauer kennenlernen.

7.1.3 Wie Sie das Blitzlicht regulieren

Wenn ich das Blitzlicht meiner RX100 II verwende (oder ein externes Gerät), wähle ich sicherlich in über 90 % der Fälle den Modus *Aufhellblitz*. Auch deshalb, weil es einen kleinen Trick gibt, wie Sie

Oben: Vor einem dunklen Hintergrund bemisst die RX100 die Blitzleistung gerne reichlich – das Hauptmotiv gerät insgesamt etwas hell.
Unten: Hier habe ich die Blitzbelichtung um –0,7 EV herabgeregelt. Der dunkle Hintergrund wird nun nicht mehr vom Blitzlicht erfasst, das Hauptmotiv ist dennoch korrekt belichtet.

die RX100 automatisch von *Aufhellblitz* auf *Langzeitsynchronisation* umschalten – Sie werden ihn gleich erfahren. Allerdings verlasse ich mich nicht so gerne darauf, dass die RX100 das Blitzlicht schon korrekt dosieren wird.

Das Blitzsystem von Sony neigt nämlich dazu, vorwiegend dunkle Motive reichlich auszuleuchten, bei hellen Motiven geizt es dagegen mit der Blitzleistung. Glücklicherweise erlaubt es Ihre RX100, die Stärke des Blitzlichts um bis zu +/–2 EV zu regulieren. Allerdings steht Ihnen die Blitzbelichtungskorrektur nur in den Modi P, A, S und M zur Verfügung, jedoch nicht bei Serienaufnahmen.

Um das Blitzlicht abzuschwächen oder zu verstärken, gehen Sie folgendermaßen vor:

1. Aktivieren Sie den Bordblitz oder ein externes Blitzgerät. Dann rufen Sie *MENU* > ◘ *3* > *Blitzkompens.* auf.

2. Drehen Sie am Einstellring, um den gewünschten Korrekturwert einzugeben. Die Displayanzeige ändert sich nicht.

Praktisch ist die Belichtungskorrektur auch, wenn Sie eine Motivpartie per Blitzlicht aufhellen möchten, die nicht in der Fokusebene liegt. Ihre RX100 dosiert die Blitzleistung nämlich auch anhand der Entfernungseinstellung. Möchten Sie nun eine Bildpartie aufhellen, die vor der Fokusebene liegt, wird sie zu hell. Das geschieht leicht, wenn Sie zum Beispiel bei Landschaftsaufnahmen ein paar Blumen und Gräser im unscharfen Bildvordergrund aufhellen möchten. Regulieren Sie in diesem Fall die Blitzleistung herab – um welchen Betrag, probieren Sie am besten selbst aus.

Belichtungskorrektur in Kombination mit der Blitzkompensation

Die Belichtungskorrektur Ihrer RX100 wirkt sich immer auch auf die Blitzbelichtung aus. Korrigieren Sie beispielsweise die Belichtung um +1 EV, erhöht Ihre RX100 die Blitzleistung entsprechend. Die Blitzbelichtungskorrektur reguliert dagegen ausschließlich die Leistung, die Ihr Blitzgerät abgibt. Das eröffnet Ihnen interessante Kombinationsmöglichkeiten:

- Wenn Sie in dunkler Umgebung, etwa einer nächtlichen Straßenszene, das Umfeld gut ausgeleuchtet mit in eine Porträtaufnahme einbeziehen möchten, korrigieren Sie die Belichtung um ca. +1 EV nach oben. Die Blitzbelichtung reduzieren Sie um denselben Wert oder noch stärker.

- Möchten Sie dagegen ein eher dunkles Motiv vor einem hellen Hintergrund besonders kontrastreich herausarbeiten, reduzieren Sie die Belichtung um mindestens –1 EV. Die Blitzleistung erhöhen Sie hingegen um diesen Wert.

7.2 Wozu die Langzeitsynchronisation gut ist

Der Belichtungsautomatik Ihrer RX100 ist es zunächst einerlei, ob Sie ein Blitzlicht verwenden oder nicht. In den Modi A und P wird sie die Belichtungszeit so wählen, dass Sie Ihre Aufnahme nicht verwa-

> **Die RX100 synchronisiert den Blitz mit jeder Verschlusszeit**
> Von Ihrer Systemkamera kennen Sie die Angabe einer Blitzsynchronzeit, bei der RX100 vermissen Sie diese indes? Die Antwort ist einfach: Die RX100 synchronisiert das Blitzlicht bis hinab zur kürzestmöglichen Verschlusszeit von 1/2000 Sek. Möglich wird dies, weil die RX100 keinen Schlitzverschluss hat, sondern mit einem Zentralverschluss ausgestattet ist. Aus diesem Grund wird ein dazu fähiges externes Blitzgerät an der RX100 II auch nicht in den HSS-Modus umschalten. In der Praxis bedeutet dies für Sie: Auch bei sehr kurzen Verschlusszeiten steht Ihnen die volle Leistung des Blitzlichts zur Verfügung, etwa um ein Porträt in heller Umgebung aufzuhellen.

ckeln – also zwischen 1/30 Sek. und 1/100 Sek. Erst dann kommt das Blitzlicht ins Spiel: Es wird so reguliert, dass die Aufnahme korrekt belichtet wird.

Bisweilen wären aber auch unter Blitzlicht längere Belichtungszeiten wünschenswert, um schwaches Umgebungslicht stärker mit ins Bild einzubeziehen. Etwa bei einem Porträt zur blauen Stunde, bei Makrofotos vom Stativ aus oder auch auf Partys. Dazu dient der Blitzmodus *Langzeitsynchronisation*. Er hebt die Limitierung auf eine verwacklungsfreie Verschlusszeit auf. Oder anders gesagt: Wird der Blitz im Modus *Langzeitsynchronisation* ausgelöst, steuert die RX100 die Belichtung so, als wäre der Blitz nicht aktiv. Das Blitzlicht macht dann genau das, was es in den allermeisten Situationen soll: Es hellt lediglich das Hauptmotiv im Vordergrund auf. Wenn Sie es ganz einfach haben möchten, wählen Sie das Motiv-

Links: Im Modus »Aufhellblitz« hat die RX100 eine Verschlusszeit von 1/30 Sek. gesteuert und die Blitzleistung korrekt auf den Plüschbären im Vordergrund ausgerichtet. Die Belichtungszeit war indes zu kurz, um das Umfeld noch mit einzubeziehen. Rechts: Hier habe ich in den Blitzmodus »Langzeitsynchronisation« umgeschaltet und die Belichtungszeit auf 1/4 Sek. erhöht. Jetzt trägt auch das schwache Umgebungslicht mit zur Belichtung bei, die Aufnahme wirkt insgesamt ausgewogener belichtet.

programm *Nachtporträt*. Es nimmt das Umfeld hell genug auf, dazu wählt es völlig selbsttätig eine entsprechend lange Belichtungszeit bzw. hohe ISO-Zahl. Kleiner Schönheitsfehler dabei: Sie können das Verhältnis von Blitz- und Umgebungslicht nicht mischen.

Weitaus flexibler sind Sie dagegen, wenn Sie Ihre RX100 in einem der Modi P, A, S oder M betreiben und dabei den Blitz in die Langzeitsynchronisation versetzen. Dabei gibt es drei grundsätzliche Herangehensweisen:

◆ In den Modi P und A geben Sie zunächst die gewünschte Blende vor, etwa f8 für eine größere Schärfentiefe. Ihre RX100 regelt jetzt die ISO-Zahl (bei aktivierter ISO-Automatik), Belichtungszeit und Blitzleistung so, dass Ihr Foto möglichst ausgewogen belichtet wird. Bei Bedarf stellen Sie die Helligkeit der Umgebung mit der Belichtungskorrektur ein. Wie stark der Blitz Ihr Hauptmotiv aufhellen soll, regulieren Sie mit der Blitzbelichtungskorrektur.

◆ Im Modus S geben Sie die gewünschte Belichtungszeit vor, zum Beispiel 1/15 Sek. In diesem Fall wählt Ihre RX100 die dazu passende Blende und reguliert Blitzleistung wie ISO-Zahl entsprechend. Sie brauchen also nicht eigens den Modus *Langzeitsynchronisation* einzuschalten. Kleiner Haken dabei: Bei aktivierter ISO-Automatik hält der Belichtungsmesser die ISO-Zahl niedrig und öffnet die Blende entsprechend weit. Wenn Sie mehr Schärfentiefe wünschen, geben Sie manuell einen passenden ISO-Wert vor – ISO 800 bis ISO 1600 reicht meist für normal beleuchtete Innenräume.

◆ Im Modus M stellen Sie die Belichtung für Ihre Umgebung manuell ein. Denken Sie auch daran, eventuell die ISO-Zahl von Hand anzupassen – bei manueller Belichtung ist die ISO-Automatik nicht aktiv! Ihre RX100 steuert jetzt nur noch das Blitzlicht automatisch bei, und zwar genau in der Stärke, die nötig ist, um das Hauptmotiv exakt zu belichten.

7.2.1 Blitzpraxis: Party fotografieren

Wenn ich auf einer Feier fotografiere und nicht nur einen schwachen Aufhellblitz benötige, statte ich meine RX100 II mit dem externen Blitz HVL-F20M aus (siehe Seite 173). Dieses kleine Blitzgerät passt ideal zur RX100 II, weil es noch angenehm leicht und kompakt ist – und dennoch genügend Leistung bietet, um z. B. ein Wohnzimmer auszuleuchten. Die RX100 betreibe ich im Belichtungsmodus M mit folgenden Vorgaben:

◆ Belichtungszeit: 1/40 Sek. (bei schnellen Bewegungen wie Tänzern auch bis zu 1/125 Sek.)
◆ Blende: f/4
◆ ISO-Zahl: gemäß den Bedingungen aufgrund des Umgebungslichts. Bei üblicher Zimmerbeleuchtung reichen ISO 800, bei schwacher Beleuchtung oder größeren Räumen werden auch ISO 1600 nötig.

Wie Sie die ISO-Zahl richtig einstellen, ist schnell ermittelt: Geben Sie im Modus A f4 vor (am Objektivring) und 1/40 Sek. (am Einstellrad). Dann passen Sie die ISO-Zahl derart an, dass der Belichtungsmesser unter *MM* keinen positiven Wert meldet (dann würde die Aufnahme

Hier signalisiert die RX100 bei meinen Standardwerten für die manuelle Belichtung eine Überbelichtung von +1.0. Das Sucherbild wird entsprechend aufgehellt.

Nachdem ich die Empfindlichkeit auf ISO 800 reduziert habe, meldet der Belichtungsmesser eine Unterbelichtung von –0,7. Das Sucherbild zeigt trotzdem die korrekte Helligkeit – der aktivierte Blitz wird ja für eine korrekte Belichtung sorgen.

überbelichtet). Eine Unterbelichtung bis –1 EV ist hingegen in der Regel kein Problem, das nicht mehr vom Blitzlicht erfasste Umfeld wird damit (meist stimmungsvoll) unterbelichtet.

Das Verfahren funktioniert deshalb so gut, weil sich die künstliche Beleuchtung in Innenräumen meist wenig ändert. Auf diese Beleuchtung richten Sie die manuelle Belichtungssteuerung aus, für die Feinheiten sorgt das Blitzlicht. Sollte zwischenzeitlich das Hauptlicht ein- oder ausgeschaltet werden, passen Sie die ISO-Zahl entsprechend an.

7.3 Synchronisation auf den zweiten Vorhang

Die Synchronisation auf den zweiten Vorhang kommt immer dann ins Spiel, wenn Sie Actionmotive mithilfe des Blitzlichts aufnehmen möchten. Üblicherweise löst Ihre RX100 den Blitz bereits zu Beginn der Belichtung aus, der danach weiterhin geöffnete Verschluss sammelt nur noch Umgebungslicht ein. Die Bewegung Ihres Motivs wird also zu Beginn der Belichtung scharf vom Blitzlicht eingefangen, die Wischspuren der Bewegungsunschärfe folgen erst dann. Im Foto kehrt das scheinbar die Bewegungsrichtung um: Ein Auto scheint rückwärts zu fahren, der Ball aus dem Tor hinauszufliegen und nicht hinein.

Um diesen Eindruck zu vermeiden, lassen Sie Ihre RX100 den Blitz erst am Ende der Belichtungszeit zünden. Dazu wählen Sie den Blitzmodus *Rear (Sync 2. Vorhang)*. Falls es zur Bewegungsunschärfe kommt, verläuft diese nun hinter dem Motiv (und eilt ihr nicht mehr voraus).

Die Langzeitsynchronisation ist wichtig bei Actionaufnahmen. Der übliche Aufhellblitz zündet bereits zu Beginn der Belichtungszeit, die Lok scheint rückwärts zu fahren.

Im Modus »Langzeitsynchronisation« hat der Blitz erst zum Ende der Belichtungszeit ausgelöst. Die Wischspuren der Bewegungsunschärfe befinden sich nun hinter der Lok, die Bewegungsrichtung wird korrekt wiedergegeben.

Blitzen im Serienbildmodus

Theoretisch ist es möglich, das Blitzlicht auch bei Serienaufnahmen bzw. Serienaufnahmen mit Zeitpriorität (High-Speed-Serien) zu verwenden. Ihre RX100 löst den Blitz während der Aufnahmeserien jedoch nur aus, wenn er wieder komplett geladen ist – also nach den ersten ein, zwei Bildern der Aufnahmeserie praktisch nicht mehr. Nur mit einem sehr leistungsfähigen Blitzgerät wie dem HVL-F60M ist auch bei Serienaufnahmen eine kontinuierliche Blitzbelichtung möglich.

8. Film ab! Videodreh mit Ihrer RX100

Erfahren Sie in diesem Kapitel mehr über die grundlegenden Videofunktionen der RX100, wie sich Film- und Fotofunktionen unterscheiden, welches Dateiformat sich wofür eignet und wie Sie zu gelungenen Videoaufnahmen kommen.

Ihre RX100 fotografiert nicht nur, sie filmt auch. Und das in einer Qualität, die Sie begeistern wird. Drücken Sie einfach die MOVIE-Taste, und schon startet die Videoaufnahme. Die RX100 bietet Ihnen dabei praktisch alle Möglichkeiten, die Ihnen auch beim Fotografieren zur Verfügung stehen. Okay, ein paar Einschränkungen müssen Sie hinnehmen – selbstredend, dass Spezialfunktionen wie Verbundaufnahmen oder das Schwenk-Panorama beim Filmen nicht möglich sind. Aber auch bei der Belichtungssteuerung und dem Autofokus gibt es ein paar kleinere Unterschiede zwischen Film- und Fotoaufnahmen – dazu gleich mehr.

Ihre RX100 kann Videos in Full-HD-Qualität und mit Stereoton aufzeichnen – ganz wie ein moderner Camcorder. Da Ihre RX100 in erster Linie eine Fotokamera ist, gibt es eine kleine Beschränkung bei der maximalen Länge einer Filmaufnahme: Spätestens nach rund 29 Minuten beendet sie eine Videoaufnahme.

Ambitionierte Videofilmer wird freuen, dass sich die RX100 II mit entsprechendem Zubehör erweitern lässt – etwa mit dem Stereomikrofon EXM-XYST1M (oben) oder der batteriebetriebenen Videoleuchte HVL-LEIR1 (unten).

Bisweilen ist aber auch schon früher Schluss. Etwa wenn Sie im MP4-Format aufzeichnen (mehr zu den Dateiformaten gleich). Bei diesem Dateiformat werden die Daten nicht so wirkungsvoll komprimiert wie im AVCHD-Format. Da Ihre RX100 jedoch nur Dateien mit einer maximalen Größe von 2 GByte speichern kann, endet die Aufnahme, wenn diese Grenze erreicht ist. Gut 20 Minuten sind aber auch bei MP4-Dateien möglich. Wenn die Umgebungstemperatur über 25 °C liegt, stoppt die Aufzeichnung unter Umständen ebenfalls früher. Auf dem Display erscheint dann das Symbol *Überhitzung*. Die RX100 lässt sich jetzt auch nicht gleich wieder starten – warten Sie, bis sich der Sensor ausreichend abgekühlt hat.

Denken Sie auch daran, dass bei Filmaufnahmen der Akku Ihrer RX100 schnell in die Knie geht. Wenn Sie zur Dokumentation eines Vortrags oder einer Aufführung des Schultheaters die maximale Aufzeichnungslänge von rund einer halben Stunde ausschöpfen möchten, gönnen Sie Ihrer RX100 unbedingt einen frisch aufgeladenen Energiespender. Andernfalls laufen Sie Gefahr, dass die Videoaufnahme wegen akuten Strommangels vorzeitig beendet wird.

8.1 Die wichtigsten Unterschiede zwischen den Film- und Fotofunktionen

Wie bereits gesagt: Im Prinzip bietet Ihnen Ihre RX100 auch bei Filmaufnahmen alle Funktionen, die sie fürs Fotografieren bereithält. Eine Reihe von Funktionen steht Ihnen allerdings bei der Filmaufzeichnung nicht zur Verfügung:

◆ Bei Filmaufnahmen können Sie kein Blitzlicht verwenden, die Einstellungen für den Blitz sind wirkungslos.

◆ Mit dem Selbstauslöser können Sie nur Fotos aufnehmen, jedoch keine Filme. Nur bei der RX100 II lassen sich Filmaufnahmen mit der kabelgebundenen Fernbedienung RM-VPR1 (separat erhältlich) oder via Smartphone starten.

- Ganz gleich, welches AF-Feld Sie vorgegeben haben – bei der Filmaufnahme schaltet Ihre RX100 immer auf das AF-Feld *Multi* um. Der Autofokus führt den Fokus immer nach (AF-C). Wenn Sie das nicht möchten, bleibt Ihnen als Alternative nur das manuelle Fokussieren (AF-M).

- Die Funktion *Auslösen bei Lächeln* steht bei Filmaufnahmen nicht zur Verfügung.

- Den Klarbild-Zoom bietet die RX100 bei Filmaufnahmen nicht. Der Digitalzoom ist immer eingeschaltet, der Zoomfaktor beträgt maximal 14x.

- Den Bildstabilisator können Sie getrennt von Ihren Vorgaben für Fotoaufnahmen konfigurieren. Bei Filmaufnahmen funktioniert der SteadyShot zudem elektronisch. Für Filmaufnahmen bietet Ihnen Ihre RX100 drei Optionen: *Aktiv* ist besonders wirkungsvoll und empfiehlt sich, wenn Sie sich während der Aufnahme bewegen oder die Kamera schwenken. *Standard* wählen Sie, wenn Sie Ihre Kamera ruhig halten, *Aus* wenn Ihre RX100 auf einem Stativ befestigt ist.

- Bei Filmen sind nur diese Bildeffekte möglich: *Spielzeugkamera, Pop-Farbe, Posterisation, Retro-Foto, Soft High-Key, Teilfarbe* und *Hochkontr.-Mono*.

> **Problemfall Bildeffekt**
> Theoretisch versieht Ihre RX100 bei Bedarf auch Filmaufnahmen mit einer Vielzahl an Effekten. In der Praxis haben die Bildeffekte aber einen gewaltigen Haken: Viele sind derart rechenintensiv, dass der Bildprozessor nicht jedes Einzelbild im Video ausreichend schnell bearbeiten kann. Ihre RX100 lässt daher eine Reihe von Einzelbildern einfach unter den Tisch fallen. Die Folge sind stark ruckelnde Videos oder gar längere Bildaussetzer. Verzichten Sie daher besser auf Bildeffekte beim Videodreh!

8.2 Das geeignete Dateiformat für Filmaufnahmen

Ihre RX100 kann Videos in zwei verschiedenen Dateiformaten aufzeichnen und bietet für jedes Dateiformat verschiedene Qualitätsstufen. Ihre RX100 kennt die Dateiformate AVCHD und MP4, unter MENU > Bildgröße > Dateiformat geben Sie eines vor:

Für das AVCHD-Format bietet Ihnen die RX100 gleich fünf Qualitätsstufen. Wählen Sie eines der beiden mit »(FH)« gekennzeichneten Formate – die Dateien können Sie ohne Umschweife auf CD brennen.

◆ AVCHD zeichnet einen Film mit 1.920 x 1.080 Bildpunkten (Full HD) auf. Sie können wählen, ob ein Film mit 50 Voll- bzw. Halbbildern aufgezeichnet werden soll oder mit 25 Vollbildern. Der Filmton wird mit einer Rate von 48 kHz gesampelt und mit einer Datenrate von 256 Kbit/s gespeichert.

◆ MP4 nimmt Ihre Bilder stets mit 25 Vollbildern auf und speichert sie im inzwischen etwas angestaubten MPEG-4-Format. Sie haben die Wahl zwischen einer Auflösung von 1.440 x 1.080 und 640 x 480 Pixel. Die Samplingrate der Tonaufzeichnung beträgt ebenfalls 48 kHz, die Tonspur wird aber auf eine Datenrate von 128 Kbit/s komprimiert.

Insgesamt stehen Ihnen also gleich sieben Filmformate zur Verfügung – und welches sollen Sie nun nehmen? Das moderne AVCHD-Format liefert auf alle Fälle die beste Bildqualität. Doch um andere als die mit *(FH)* gekennzeichneten Formate wiederzugeben, müssen

Sie Ihre Videos auf eine Blu-ray Disc brennen und benötigen ein entsprechendes Abspielgerät (es sei denn, Sie geben Ihre Videos direkt von der Festplatte wieder).

Eine weitere Tücke des AVCHD-Formats: Wollen Sie AVCHD-Filme nachbearbeiten (zum Beispiel schneiden), benötigen Sie neben einer geeigneten Software einen sehr leistungsstarken Rechner. Das gilt auch, wenn Sie Ihre Aufnahmen nur in ein anderes Format umwandeln (transcodieren) möchten.

Mein Tipp: Wenn Sie eine sehr hohe Videoqualität wünschen, dabei aber zu möglichst vielen Ausgabegeräten kompatibel bleiben möchten, zeichnen Sie AVCHD mit einer der beiden folgenden Aufnahmeeinstellungen auf:

- **50i 17M(FH)** zeichnet 50 Halbbilder pro Sekunde auf und komprimiert den Datenstrom auf 17 Mbit/s. Nehmen Sie diese Option für Videoschnappschüsse sowie actiongeladenen Szenen. Dieses Format gibt Bewegungen recht flüssig wieder.

- **25p 17M(FH)** speichert ebenfalls 17 Mbit/s, nimmt aber 25 Vollbilder je Sekunde auf. Bewegungen werden nicht ganz so flüssig dargestellt, dafür ist die Bildqualität der Einzelbilder höher. Dieses Format eignet sich für ruhige Szenen mit wenig Bewegung.

Sie finden bereits die Wiedergabequalität einer herkömmlichen DVD beeindruckend, einen Full-HD-Fernseher oder Blu-ray-Player besitzen Sie nicht? Außerdem möchten Sie Ihre Videoaufnahmen unkompliziert im Internet veröffentlichen, etwa auf YouTube? Dann ist das AVCHD-Format völlig überdimensioniert für Sie. Zeichnen Sie besser mit dem Dateiformat MP4 auf, Ihre Aufnahmeeinstellung dafür hängt dann von der Plattform ab, auf der Sie Ihre Filme präsentieren möchten. Bedenken Sie jedoch, dass die Tonqualität im MP4-Format etwas schlechter ist:

- **1440x1080 12M** ist die richtige Wahl, wenn Sie Ihre Videos bevorzugt am TV-Gerät oder PC-Monitor zeigen möchten. Falls Sie

Filme im Internet präsentieren wollen, können Sie Aufnahmen in diesem Format mit PlayMemories Home schnell herunterrechnen.

◆ **VGA 3M** sollten Sie wählen, wenn Sie Ihre Videos ohne Umschweife im Web veröffentlichen möchten. Das gilt insbesondere, falls Sie den neusten Videoclip direkt aus Ihrer RX100 II via Wi-Fi auf ein Smartphone oder ins Internet streamen möchten.

Videos konvertieren und trimmen

Beim Videodreh geraten immer wieder Szenen mit in die Aufnahme, die nicht so geglückt sind – meist am Anfang und am Ende. Unerwünschte Szenen schneiden Sie mit der Software PlayMemories Home aus Ihren Videoaufnahmen heraus, Sony hat sie Ihrer RX100 beigelegt. Die Software eignet sich auch, um Videodateien in ein anderes Format zu konvertieren. Die jeweils neuste Version von PlayMemories Home können Sie kostenlos unter *www.sony.de* > *support* > *de* > *product* > *DSC-RX100M2* > *updates* herunterladen.

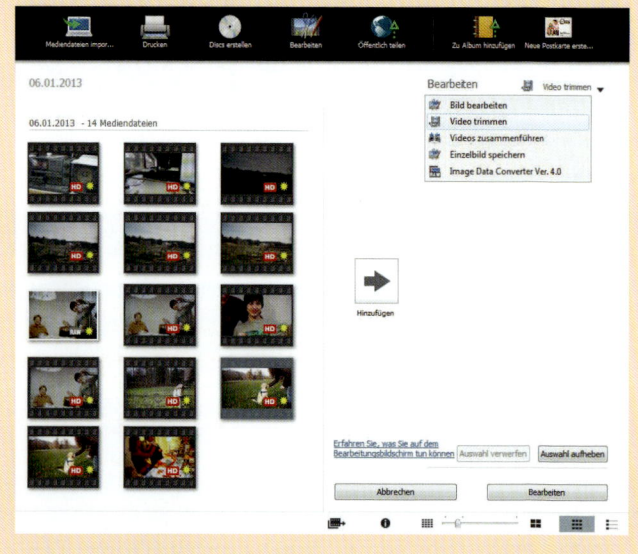

8.3 So filmen Sie mit der RX100

Im Prinzip brauchen Sie nur die kleine MOVIE-Taste zu drücken, und schon beginnt Ihre RX100 mit der Filmaufnahme. Dabei filmt sie in dem Modus, den Sie aktuell auf dem Programmwähler eingestellt haben – wenn Sie P, A, S, M oder eine der beiden Vollautomatiken vorgegeben haben. Zudem bietet Ihnen die RX100 auf dem Programmwählrad explizit die Vorgabe *Film*. So haben Sie mehrere Möglichkeiten festzulegen, in welchem Modus Ihre RX100 filmen soll:

- Falls der Programmwähler auf i✱ oder i✱⁺ steht, nimmt Ihre RX100 Filme mit einem Motivprogramm auf, das sie selbstständig wählt. Das gilt ebenso, wenn Sie unter *SCN* aktuell ein Motivprogramm vorgegeben haben. Bei diesen Vollautomatiken steht Ihnen unter *Fotogestaltung* nur die Funktion *Hintergr.defokus.* zur Verfügung.

- Haben Sie den Programmwähler auf P, A, S oder M gestellt, filmt die RX100 mit den Einstellungen des jeweils vorgegebenen Modus.

- Sollten Sie die MOVIE-Taste deaktiviert haben, um unbeabsichtigte Filmaufnahmen zu verhindern, drehen Sie zum Start einer Videoaufnahme das Programmwählrad zunächst in die Stellung 🎬. Anschließend können Sie die Filmmodi 🎬P, 🎬A, 🎬S und 🎬M wählen – sie entsprechen weitgehend den entsprechenden Fotomodi.

Oben: Nachdem Sie den Moduswähler in die Stellung 🎬 gebracht haben, erscheint zunächst eine Übersicht – drücken Sie die SET-Taste. Unten: Sie gelangen zur Auswahl des Filmmodus, hier habe ich 🎬A gewählt.

> **Einschränkungen bei abgeschalteter MOVIE-Taste**
> Ich habe an meiner RX100 II die MOVIE-Taste deaktiviert, weil ich sonst allzu leicht versehentlich Videoaufnahmen starte. Jetzt reagiert die MOVIE-Taste nur, wenn ich den Programmwähler zuvor auf 📷 gestellt habe. Kleiner Schönheitsfehler: Filmaufnahmen in der Vollautomatik i📷 sind jetzt nicht mehr möglich!

8.3.1 Belichtungssteuerung bei der Filmaufnahme

Wie bei Fotoaufnahmen haben Sie nur in den Modi P, A, S und M den vollen Zugriff auf alle Einstellungsmöglichkeiten Ihrer RX100. Sie können also die Schärfentiefe nach Maß steuern, die Belichtung kompensieren und vieles mehr. Am besten richten Sie Ihre RX100 wie gewünscht ein, bevor Sie die Filmaufnahme starten (dazu gleich noch mehr). Denn während der Aufnahme können Sie abgesehen vom Fokuspunkt, der Belichtungskorrektur und der ISO-Empfindlichkeit nichts ändern. Bei Filmaufnahmen in den Modi P, A, S und M gelten diese wichtigen Unterschiede im Vergleich zu Fotoaufnahmen:

◆ Im Modus A (Zeitautomatik) können Sie jede gewünschte Blende vorgeben. Die längstmögliche Verschlusszeit ist jedoch auf 1/30 Sek. beschränkt, längere Verschlusszeiten kann die Kamera beim Videodreh nicht steuern.

◆ Der Modus S (Blendenautomatik) erlaubt Ihnen eine Verschlusszeit zwischen 1/4 Sek. und 1/2000 Sek. Bedenken Sie jedoch, dass Filmaufnahmen mit 1/4 Sek. Verschlusszeit stark verwischt werden.

◆ Nur im Modus M (manuelle Belichtung) führt die RX100 die Belichtung während des Videodrehs nicht nach. Das ist wichtig, wenn Sie unter sich rasch ändernden Lichtbedingungen eine »pumpende« Helligkeit im Film vermeiden möchten.

- Der Messwertspeicher für den Belichtungsmesser (AEL-Taste) ist bei Filmaufnahmen außer Betrieb. Ihre RX100 regelt also beim Videodreh die Belichtung stets nach. Falls Sie das nicht möchten, filmen Sie im Modus M.

- Die ISO-Empfindlichkeit lässt sich bei der RX100 nur zwischen ISO 160 und ISO 3200 einstellen. Haben Sie vor der Aufnahme einen Wert außerhalb dieser Grenzen vorgegeben, nimmt Ihre RX100 den nächstmöglichen. Beim Wechsel zur Fotoaufnahme kehrt sie wieder zum ursprünglich vorgegebenen Wert zurück.

- Sie können während der Filmaufnahme in die Belichtung eingreifen – entweder per Belichtungskorrektur oder, indem Sie die Zeit und/oder Blende im Modus M ändern.

Links: Für Videoaufnahmen gebe ich gerne f/5.0 im Modus A vor. Die ISO-Zahl stelle ich so ein, dass eine Belichtungszeit von 1/60 Sek. nicht überschritten wird.
Rechts: »ISO AUTO« eignet sich nicht so gut für Filmaufnahmen, weil sich die RX100 dabei an verwacklungssicheren Verschlusszeiten orientiert. Hier nimmt sie 1/25 Sek., das führt zu sichtbarer Bewegungsunschärfe im Film.

Ich nehme Filme bevorzugt im Modus A mit Blende f/5.0 auf. Dazu stelle ich vorab die ISO-Zahl derart hoch ein, dass die Verschlusszeit möglichst nicht unter 1/60 Sek. sinkt – bei actionreichen Motiven auch kürzer. Den Modus S verwende ich nicht so gerne, weil sich hier durch die Anpassung der Blende ein pumpender Schärfentiefeeindruck ergibt.

Soll die Belichtung bei einem Kameraschwenk oder Bewegungen in der Szene nicht geändert werden, wähle ich den Modus M und stelle die Belichtung vor dem Start der Videoaufnahme ein. Auf das manuelle Nachführen der Belichtung verzichte ich, weil das nicht geht, ohne dass die Kamera wackelt.

> **Foto beim Filmdreh aufnehmen**
> Sie brauchen schnell ein Foto, während Sie ein Video aufnehmen? Für Ihre RX100 ist das kein Problem. Drücken Sie einfach den Auslöser durch. In welcher Größe die Fotos aufgenommen werden sollen, geben Sie unter *MENU > ▯ 1 > Bildgröße (Dual Rec)* vor. Denken Sie daran, dass die Bilder im Format 16:9 bzw. 4:3 aufgenommen werden – abhängig davon, welches Aufzeichnungsformat Sie gewählt haben. Die *Dual Rec*-Funktion steht Ihnen nicht zur Verfügung, wenn Sie Filme im Format *50p 28M(PS)* aufnehmen.

8.3.2 Scharf stellen und zoomen beim Videodreh

Der Autofokus bietet Ihnen bei Filmaufnahmen nur zwei Optionen: AF-C und MF (manueller Fokus). Die RX100 führt also die Schärfe entweder kontinuierlich nach oder gar nicht. Die Möglichkeit, die Schärfe automatisch von einem Punkt auf einen anderen zu ziehen, haben Sie leider nicht. Überlegen Sie also vorab, ob der Fokus während der Videoaufnahme überhaupt nachgeführt werden soll. Bisweilen kann es nämlich durchaus sinnvoll sein, manuell auf eine wichtige Bildpartie scharf zu stellen und es dabei zu belassen – etwa in diesen Situationen:

◆ Sie möchten mit der RX100 einen Vortrag dokumentieren. Dazu haben Sie Ihre Kamera auf ein Stativ montiert und auf den Redner ausgerichtet. Ist der Autofokus eingeschaltet, reguliert er sofort die Schärfe nach, sobald jemand durchs Bild läuft oder einer aus dem Publikum aufsteht. Das richtet die Aufmerksamkeit des Betrachters auf die »Störung« und lenkt von der Hauptsache Ihres Films ab, nämlich den Redner. Stellen Sie besser die Schärfe manuell auf das Rednerpult ein.

◆ Sie möchten eine interessante Landschaft mit einem Schwenk von nah auf fern aufnehmen. Sie richten also Ihre RX100 zunächst auf die Blumen im Vordergrund und schwenken sie dann behutsam auf die Berge in der Ferne. Wenn Sie vorab manuell auf Unendlich fokussieren, werden die Blumen sehr unscharf aufgenommen – das gibt Ihrem Film Tiefe. Lassen Sie die RX100 hingegen die Schärfe nachziehen, fährt die Schärfe von den Blumen zu den Bergen – das kann unruhig wirken.

Prinzipiell können Sie die Schärfe natürlich auch während der Filmaufnahme von Hand nachregulieren. Dabei wird es Ihnen allerdings schwerlich gelingen, Ihre RX100 beim Drehen am Objektivring verwacklungsfrei zu halten. Manuell sollten Sie die Schärfe nur nachführen, wenn Sie Ihre RX100 fest auf ein Stativ montiert haben. Schalten Sie in diesem Fall zudem das Focus Peaking ein, dann fällt das manuelle Scharfstellen leichter.

Ein Kinderspiel sind dagegen Zoomfahrten mit Ihrer RX100. Während einer Filmaufnahme reagiert der Zoomhebel deutlich feinfühliger als bei Fotoaufnahmen – er braucht dann rund dreimal länger, um den gesamten Zoombereich zu durchfahren. In sehr ruhiger Umgebung kann allerdings das Geräusch des Zoommotors auf die Tonspur Ihres Videos geraten.

8.3.3 Filmton aufnehmen

Für den guten Ton beim Film sorgt die RX100 mit einem Paar Mikrofonen auf der Kameraoberseite, sie zeichnet also stets in Stereo auf. Achten Sie darauf, dass die Mikrofone bei der Videoaufnahme nicht verdeckt werden.

Bei der Tonaufnahme haben Sie wenige Eingriffsmöglichkeiten, den Tonpegel steuert Ihre RX100 stets automatisch aus. Sie können lediglich die Tonaufzeichnung ganz ein- oder ausschalten und bei Bedarf einen elektronischen Filter zur Reduzierung von Windgeräuschen aktivieren – die Optionen dazu finden Sie unter MENU > 🎬 1:

Die »Audioaufnahme« können Sie ein- oder ausschalten – mehr Möglichkeiten zur Tonaufzeichnung bietet die RX100 nicht.

◆ Unter *Audioaufnahme* legen Sie fest, ob Sie einen Tonfilm oder einen Stummfilm aufzeichnen möchten.

◆ Unter *Windgeräuschreduz.* schalten Sie bei Bedarf einen digitalen Filter zur Unterdrückung störenden Rauschens bei starkem Wind ein. Verwenden Sie den Filter allerdings wirklich nur, wenn starke Störgeräusche auftreten.

9. Aufnahmen betrachten

Nutzen Sie die Wiedergabefunktion der RX100, um Bildqualität und Aufnahmeparameter vor Ort schnell und verlässlich zu überprüfen, und erfahren Sie im Folgenden, wie Sie die Fotos unkompliziert präsentieren können.

Ob Ihre Aufnahmen etwas geworden sind, prüfen Sie im Wiedergabemodus Ihrer RX100. Misslungene Fotos und Videos können Sie dann bei Bedarf gleich löschen. Verwenden Sie den Wiedergabemodus auch, um Ihre Aufnahmen zu präsentieren – z. B. auf einem TV-Gerät, an das Sie Ihre Kamera via HDMI-Kabel angeschlossen haben. Drücken Sie die Wiedergabetaste, um Ihre RX100 in den Wiedergabemodus umzuschalten. Das funktioniert sogar, wenn die Kamera ausgeschaltet ist – in diesem Fall halten Sie die Taste einen Moment gedrückt.

Die Wiedergabefunktion Ihrer RX100 zeigt nicht nur Ihre Aufnahmen an, sondern nennt auf Wunsch auch eine Vielzahl an technischen Details dazu. Mit der ▲-Taste (DISP) auf der Vierwegewippe schalten Sie bequem zwischen den verschiedenen Darstellungsformen um. Zwischen Einzelbildanzeige und Bildübersicht schalten Sie mit dem Zoomhebel um.

9.1 Was der Wiedergabebildschirm zeigt

Nachdem Sie die Wiedergabetaste gedrückt haben, zeigt Ihre RX100 das zuletzt aufgenommene Foto auf dem Display. Dabei verwendet sie das Bildschirmlayout, das Sie zuletzt vorgegeben haben (dazu gleich mehr). Falls Sie Videos betrachten möchten, wählen Sie zunächst den entsprechenden Speicherort (siehe Seite 201).

Sie blättern mit der ▶- bzw. ◀-Taste durch Ihre Aufnahmen. Alternativ drehen Sie das Einstellrad – nach links, um zurückzublättern, im Uhrzeigersinn, um vorzublättern.

Ihre RX100 bietet drei verschiedene Ansichtsoptionen (Layouts) für die Anzeige von Einzelbildern – mit der ▲-Taste (DISP) wechseln Sie sie durch:

◆ Info anzeigen ist die Standardvorgabe. Hier gibt das Display Ihre Bilder in etwa so wieder wie die Live-View-Anzeige im Aufnahmemodus.

◆ Histogramm zeigt Ihr Bild als relativ kleine Miniatur. Dieses Layout nutzt den dadurch frei werdenden Raum vor allem, um die Helligkeitsverteilung in gleich vier Histogramm-Grafiken darzustellen. Das oberste (weiße) Histogramm ist das wichtigste – es stellt die aufsummierte Helligkeitsverteilung aller drei Farbkanäle dar. Kommt es in dunklen oder hellen Bildbereichen zum Clipping, blinken die betroffenen Partien.

> **Wiedergabe-Histogramm ist genauer**
> Das Wiedergabe-Histogramm ist wesentlich genauer als das Live-Histogramm im Aufnahmemodus. Letzteres zeigt oftmals schon Belichtungsprobleme an, die gar nicht bestehen. Verlassen Sie sich daher bei kritischen Motiven nicht nur auf das Live-Histogramm, sondern prüfen Sie Ihr Foto auch mit dem Wiedergabe-Histogramm.

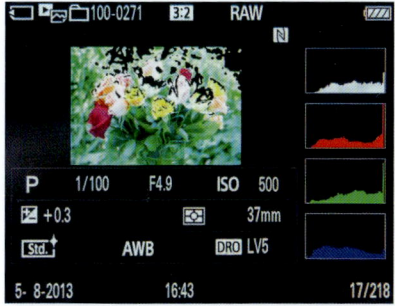 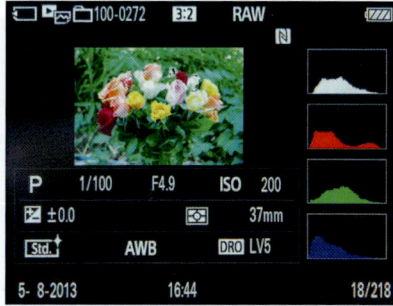

Links: Das Foto ist überbelichtet, die ausfressenden Lichter werden schwarz blinkend markiert. Rechts: Ich habe die Aufnahme mit geänderten Einstellungen wiederholt – jetzt zeigt das Histogramm keine Probleme mehr.

◆ Daten n. anz. zeigt das pure Bild und sonst nichts. Das ist die ideale Darstellungsform, wenn Sie Ihre Bilder einfach nur betrachten möchten – auch auf einem externen Monitor oder einem TV-Gerät.

Aufnahme löschen
Das aktuelle Bild oder Video gefällt Ihnen nicht? Dann löschen Sie es. Dazu drücken Sie die ?-Taste und bestätigen die nachfolgende Abfrage mit Löschen.

9.1.1 Verschafft Überblick: der Bildindex

Standardmäßig zeigt Ihre RX100 genau eine Aufnahme auf dem Display an. Da kann es etwas mühsam werden, unter Hunderten von Aufnahmen schnell zum gewünschten Bild zu blättern. In diesem Fall verschaffen Sie sich mit der Ansicht Bildindex einen schnellen Überblick. Sie zeigt standardmäßig neun Bilder als kleine Miniaturen.

Um zum Bildindex zu wechseln, drücken Sie den Zoomhebel nach links. Wenn Sie den Zoomhebel nach rechts drücken, zeigt der Index nur noch vier Bilder etwas größer. Drücken Sie ihn erneut nach rechts, um wieder zur Einzelbildanzeige zurückzukehren.

Standardmäßig zeigt Ihre RX100 in der Indexansicht 3 x 3 Bilder.

Mit dem Zoomhebel wechseln Sie zur Anzeige von 2 x 2 Bildern. Drücken Sie die ◄-Taste, können Sie mit der SET-Taste einen anderen Ordner wählen, etwa um Videos wiederzugeben.

9.1.2 Bildausschnitt prüfen – der Wiedergabe-Zoom macht's möglich

In der Indexansicht blättern Sie mit den Tasten ▼ und ▲ durch Ihren Bildbestand. Schneller geht's wieder mit dem Einstellrad. Das aktuell gewählte Bild wird orange eingerahmt – es erscheint, sobald Sie zur Einzelbildanzeige zurückkehren.

Der Bildschirm Ihrer RX100 zeigt Fotos nur mit einem Bruchteil der Auflösung an, mit der sie aufgenommen wurden. Da erscheinen dann auch solche Bildpartien noch perfekt scharf, die sich bei genauerem Hinsehen auf dem PC-Monitor als unscharf erweisen. Sie können jedoch das aktuelle Bild vergrößern. Das Display zeigt dann nur noch einen Bildausschnitt, der sich beliebig verschieben lässt. Sie zoomen mit dem Zoomhebel in Ihr Bild hinein. Dabei wird zunächst ein Ausschnitt aus dem Bildzentrum vergrößert angezeigt. Diesen Ausschnitt verschieben Sie mit den Tasten auf der Vierwegewippe. Unten links sehen Sie eine kleine Übersicht des gesamten Fotos, der aktuelle Ausschnitt ist darin zu Ihrer Orientierung orange eingerahmt. Um die Vergrößerung zu verlassen, drücken Sie die SET-Taste.

Mit dem Zoomhebel legen Sie die Vergrößerung der Wiedergabelupe fest. Den Bildausschnitt verschieben Sie mit den Tasten auf der Vierwegewippe. Die kleine Übersicht unten links zeigt, welchen Ausschnitt Sie aktuell auf dem Display haben.

9.1.3 Wie Sie Ihre Videoaufnahmen betrachten

Haben Sie Videos mit Ihrer RX100 aufgenommen und möchten Sie Ihre Filme nun anschauen? Kein Problem – wenn Sie zunächst den Ordner mit Ihren Filmen ausgewählt haben. So wird's gemacht:

1. Rufen Sie *MENU > ▶ 1 > Standbild > Film-Auswahl* auf. Dann wählen Sie AVCHD oder MP4 – je nachdem, in welchem Format Sie Ihre Filme aufgezeichnet haben.

2. Alle gespeicherten Filme werden in der Indexansicht aufgelistet. Wählen Sie das gewünschte Video mit dem Einstellrad an, dann drücken Sie die SET-Taste. Das Video startet sofort.

Während der Filmwiedergabe haben Sie die folgenden Steuerungsmöglichkeiten:

◆ **Pause:** Drücken Sie die SET-Taste, um die Wiedergabe zu unterbrechen. Mit einem erneuten Druck auf die SET-Taste setzen Sie die Wiedergabe fort.

◆ **Stopp:** Mit der Wiedergabetaste beenden Sie die Wiedergabe des aktuellen Clips, das Video wird zum Anfang zurückgespult. Sie können es erneut starten, indem Sie die SET-Taste drücken.

◆ **Vor-/Zurückspulen:** Während der Filmwiedergabe können Sie mit den ▶- bzw. ◀-Tasten vor- und zurückspulen. Währenddessen zeigt Ihre RX100 für jede Filmsekunde kurz ein Bild. Drücken Sie die SET-Taste, um an der aktuellen Position die Wiedergabe zu starten.

◆ **Lautstärke:** Auch die Wiedergabelautstärke des Filmtons können Sie einstellen. Dazu drücken Sie während der Wiedergabe zunächst die ▼-Taste. Anschließend regeln Sie die Wiedergabelautstärke mit dem Einstellrad.

Ihre RX100 blendet eine Skala ein, während Sie die Lautstärke verstellen.

9.2 So präsentieren Sie Ihre Aufnahmen auf einem externen Monitor

Das kleine Display Ihrer RX100 eignet sich naturgemäß nicht sonderlich gut dafür, Fotos und Filme einem größeren Publikum vorzuführen. Zeigen Sie Ihre Aufnahmen auf einem großen Monitor oder TV-Gerät. Alles, was Sie dazu brauchen, ist ein HDMI-Kabel, über das Sie Ihre RX100 mit dem Monitor verbinden. Das Kabel muss auf einer Seite einen Mini-HDMI-Stecker (Typ C) aufweisen, er kommt in die entsprechende Buchse Ihrer Kamera. Bei der RX100 befindet sich die HDMI-Buchse an der Unterseite, bei der RX100 II an der rechten Seite. Den Stecker am anderen Kabelende wählen Sie passend zu Ihrem Monitor, meist passt Typ A.

Um Ihre Bilder von der RX100 auf einem TV-Gerät oder PC-Monitor zu präsentieren, benötigen Sie ein HDMI-Kabel. Der kleinere Stecker (rechts) kommt in die Buchse Ihrer Kamera, den größeren Stecker schließen Sie an den Monitor an.

Nachdem Sie Ihre RX100 mit einem externen Monitor verbunden haben, legen Sie dort noch den HDMI-Eingang als Quelle fest. Sogleich erscheint das aktuelle Sucherbild auf dem externen Gerät, im Gegenzug schaltet sich das Display Ihrer RX100 ab.

Etwas umständlich ist allerdings, dass Ihre RX100 am Kabel hängt, während Sie die Wiedergabe steuern. Mit der RX100 II können Sie das umgehen, indem Sie Bilder drahtlos an ein geeignetes Fernsehgerät übertragen. Oder lassen Sie Ihre Fotos einfach als Diaschau ablaufen. Sie richten die automatische Vorführung unter MENU > ▶ 1 > *Diaschau* ein. Legen Sie mit *Intervall* fest, wie lange jedes einzelne Bild erscheinen soll. Unter *Wiederholen* können Sie vorgeben, ob Ihre Diaschau nach dem letzten Bild endet oder in einer Endlosschleife wiederholt wird.

10. Ihre RX100 II im drahtlosen Netzwerk

Mit der RX100 II haben Sie die geniale Möglichkeit, ein WLAN-Netz zu nutzen, um die Aufnahmen drahtlos auf den Computer zu übertragen oder die Kamera mit dem Smartphone zu verbinden. Da dies nicht ganz selbsterklärend ist, lesen Sie in den folgenden Abschnitten, wie Sie die Kamera ideal in Ihr Netzwerk einbinden.

Der RX100 II hat Sony ein Wi-Fi-Modul spendiert, das eine Reihe von Möglichkeiten eröffnet. Sie bleiben der älteren RX100 leider vorenthalten. Haben Sie die RX100 II in ein Wi-Fi-Netzwerk eingebunden, können Sie:

◆ Fotos und Filme an ein TV-Gerät, einen PC oder ein Mobilgerät (Smartphone oder Tablet) übertragen.
◆ Ihre RX100 II von einem Mobilgerät aus fernsteuern.

> **Wenn Sie mit Ihrer RX100 II im Flugzeug unterwegs sind**
> Im Flugzeug werden Sie bei Start und Landung aufgefordert, alle elektronischen Geräte auszuschalten. Falls Sie Ihre RX100 II dennoch weiterbenutzen möchten, schalten Sie *MENU* > 📷 *4* > *Flugzeug-Modus* auf *Ein*. Damit deaktivieren Sie die Wi-Fi-Funktionen.

Um Ihre Aufnahmen drahtlos auf einen Rechner zu übertragen, benötigen Sie die Software PlayMemories Home von Sony für Windows-PCs. Sie erhalten die aktuelle Version unter *www.sony.de/support/de/product/DSC-RX100M2/updates*. Falls Sie einen Mac verwenden, nehmen Sie das Programm Wireless Auto Import, Sie erhalten es unter *http://support.d-imaging.sony.co.jp/imsoft/Mac/wai/us.html*. Für Ihr Smartphone gibt es die App PlayMemories Mobile im App Store für iOS (ab Version 4.3) bzw. unter Google Play für Android (2.3 bis 4.2).

10.1 Aufnahmen drahtlos zum PC übertragen

Bevor Sie Ihre Aufnahmen drahtlos von der RX100 II auf einen PC übertragen können, richten Sie eine Partnerschaft zwischen dem Rechner und Ihrer Kamera ein. Sie benötigen dazu die Software PlayMemories Home auf dem PC sowie ein USB-Kabel, über das Sie Ihre RX100 II mit dem Rechner verbinden. Ferner brauchen Sie Zugriff als Administrator auf Ihr Windows, halten Sie gegebenenfalls das entsprechende Kennwort parat. So richten Sie die Partnerschaft ein:

1. Starten Sie PlayMemories Home und verbinden Sie Ihre RX100 II via USB-Kabel mit dem Computer. Falls Sie aufgefordert werden, jetzt Bilder zu importieren, überspringen Sie diesen Schritt – das können Sie später immer noch erledigen (falls Sie PlayMemories Home zur Verwaltung Ihres Bildarchivs nutzen möchten).

2. Beenden Sie PlayMemories Home. Erst jetzt meldet die Software, dass sie ein neues Gerät erkannt hat, nämlich eine DSC-RX100M2. Bestätigen Sie mit *OK*.

3. PlayMemories Home startet die *Wi-Fi-Importeinstellungen*. Klicken Sie auf *Weiter*. Falls Sie nicht als Administrator angemeldet sind, benötigen Sie jetzt das entsprechende Kennwort.

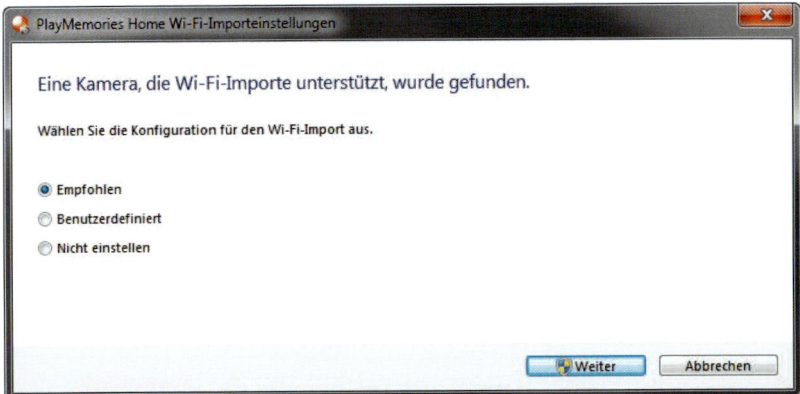

4. Folgen Sie den nächsten Schritten jeweils mit *Weiter*. Den letzten Schritt schließen Sie mit *Fertig stellen* ab.

Damit haben Sie die erste Hürde genommen. Als Nächstes melden Sie nun Ihre RX100 II im Netzwerk an. Falls Ihr Router nicht mit einer WPS-Funktion ausgestattet ist, halten Sie dazu die SSID (Name Ihres Wi-Fi-Netzwerks) sowie das dazugehörige Passwort bereit.

1. Hängt Ihre RX100 II noch am USB-Kabel? Dann stecken Sie sie ab. Rufen Sie die Befehlsfolge *MENU > ▶ 1 > An Computer senden* auf.

> **Verbindung vorab einrichten**
> Sie können die Verbindung Ihrer RX100 II zum Netzwerk auch einrichten, ohne Daten zu übertragen. Dazu rufen Sie *MENU > 🔧 3 > Zugriffspunkt-Einstlg.* auf. Dann verfahren Sie weiter wie hier beschrieben.

2. Ihre RX100 II meldet, dass sie keinen Zugriffspunkt finden kann. Bestätigen Sie mit *OK*.

Falls Ihr Router mit einer WPS-Funktion ausgestattet ist, wählen Sie »WPS-Tastendruck«. Wenn nicht, nehmen Sie »Zugriffspunkt-Einstlg.«.

3. Ist Ihr Router mit einer WPS-Taste ausgerüstet? Wenn nicht, fahren Sie mit Schritt 4 fort. Wählen Sie *WPS-Tastendruck* und bestätigen Sie mit der SET-Taste. Anschließend drücken Sie die WPS-Taste an Ihrem Router, Sie haben zwei Minuten Zeit dazu. Ihre Kamera und der Router handeln die Verbindungsdaten untereinander aus, und Sie sind fertig.

4. Ihre RX100 II führt Sie zur *Zugriffspunkt-Einstlg.* Wählen Sie hier *Manuelle Einstellung* und drücken Sie die SET-Taste.

5. Ihre RX100 II fragt nun nach der SSID, also dem Namen Ihres Funknetzwerks. Bestätigen Sie mit *OK*, dann geben Sie den Namen ein. Dazu offeriert Ihnen die Kamera nun ein Eingabefeld, das Sie ähnlich wie bei einem älteren Handy bedienen: Steuern Sie mit dem Einstellrad oder den Tasten ◀ und ▶ das gewünschte Feld an, z. B. *abc*. Um jetzt ein *b* einzugeben, drücken Sie zweimal die SET-Taste. Mit den anderen Eingabefeldern verfahren Sie sinngemäß. Bestätigen Sie die Eingabe mit *OK*.

6. Als Nächstes möchte Ihre RX100 II das Passwort für Ihr Netzwerk wissen. Sie geben es auf die gleiche Weise ein wie die SSID (siehe Schritt 5).

7. Puh, geschafft! Ihre RX100 II blendet nochmals die registrierten Einstellungen ein. Bestätigen Sie mit einem beherzten Druck auf die SET-Taste.

> **Wi-Fi-Einstellungen ändern**
> Sie können mit der RX100 II nur zu dem einen Computer eine Wi-Fi-Verbindung aufnehmen, mit dem Sie eine Partnerschaft eingerichtet haben. Falls Sie eine Partnerschaft zu einem anderen Rechner einrichten möchten, löschen Sie zunächst die aktuellen Wi-Fi-Einstellungen in Ihrer RX100 II. Dazu rufen Sie *MENU* > 📷 *4* > *Initialisieren* > *Netzw. einst. zurücksetz.* auf.

Der Lohn der Mühe: Jetzt brauchen Sie an Ihrer RX100 II nur noch *MENU* > ▶ *1* > *An Computer senden* aufzurufen, und schon blendet Windows den Dialog *Automatische Wiedergabe* ein. Wählen Sie *Gerät zum Anzeigen der Dateien öffnen*, Sie können dann direkt auf die Bilder auf der Speicherkarte Ihrer Kamera zugreifen. Sie beenden die Verbindung, indem Sie an Ihrer RX100 II die SET-Taste für *Abbrechen* drücken.

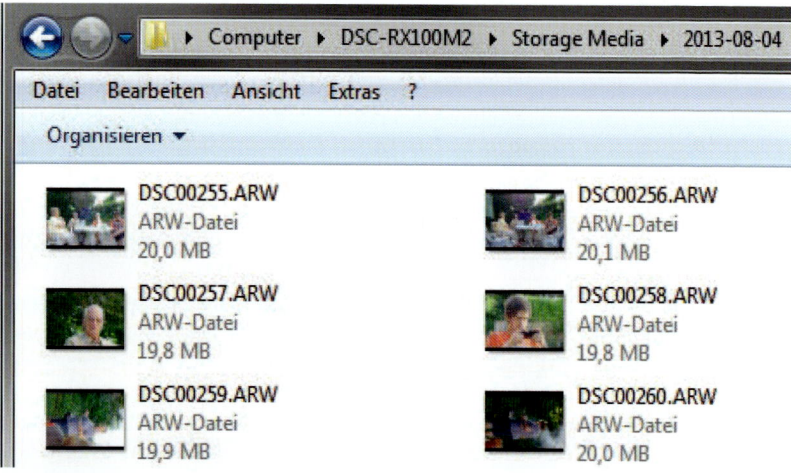

Im Windows-Explorer greifen Sie via Wi-Fi-Netzwerk direkt auf die Speicherkarte in Ihrer RX100 II zu.

10.2 Verbinden Sie die RX100 II mit einem Smartphone

Ganz ähnlich wie an einen PC können Sie Ihre Bilder auch an ein Mobilgerät übertragen. Dazu statten Sie Ihr Smartphone oder Tablet zunächst mit der App PlayMemories Mobile aus. Diese App bietet sogar noch mehr – sie ermöglicht es Ihnen auch, Ihre RX100 II fernzusteuern. Bevor Sie Aufnahmen auf das Mobilgerät übertragen können, stellen Sie wieder erst eine Verbindung zwischen Ihrem Mobilgerät und der Kamera her.

1. Rufen Sie MENU > ▶ 1 > *An Smartphone senden* auf. Ihre RX100 möchte als Erstes wissen, auf welchem Gerät Sie die zu übertragenden Bilder auswählen möchten – nehmen Sie *Auf Smartphone auswählen*.

2. Verfügt Ihr Smartphone über eine NFC-Funktion (nur bei Geräten mit Android möglich)? Falls nicht, fahren Sie mit Schritt 3 fort. Andernfalls aktivieren Sie die NFC-Funktion an Ihrem Android-Gerät unter *Einstellungen > Drahtlos und Netzwerk*. Jetzt brauchen Sie nur noch Ihr Mobilgerät direkt an die NFC-Markierung am Boden Ihrer RX100 II zu halten, und schon ist die Verbindung hergestellt. Fahren Sie mit Schritt 6 fort.

3. Ihre RX100 II blendet die Verbindungsdaten für Ihr Smartphone ein.

4. Geben Sie die Verbindungsdaten an Ihrem Smartphone ein, die Ihre RX100 II anzeigt (siehe Schritt 3). Die Vorgehensweise ist prinzipiell gleich, egal ob Sie iOS oder Android verwenden. Unter iOS rufen Sie *Systemsteuerung > WLAN* auf. Tippen Sie dann auf den Namen des Netzwerks, den Ihre RX100 II unter *SSD DIRECT* nennt.

5. Geben Sie in das Feld *Kennwort* das Passwort ein, das auf dem Display Ihrer RX100 II zu sehen ist.

6. Starten Sie auf Ihrem Smartphone die App PlayMemories Mobile. Sie sehen eine Übersicht der auf Ihrer RX100 II gespeicherten Bilder. Wählen Sie die gewünschten Aufnahmen aus und tippen Sie auf *Kopieren*.

7. Sie beenden die Verbindung, indem Sie an Ihrer RX100 II die SET-Taste für *Abbrechen* drücken.

Ist Ihre RX100 II mit einem Smartphone verbunden, kann sie nicht nur Aufnahmen auf das Mobilgerät übertragen – via PlayMemories Mobile lässt sie sich sogar fernsteuern. So wird's gemacht:

1. Richten Sie Ihre RX100 II auf das Motiv aus.

2. Mit *MENU >* 🅒 *1 > Strg. mit Smartphone* machen Sie die RX100 bereit zur Fernsteuerung durch Ihr Mobilgerät. Falls Sie die Verbindung an Ihrem Smartphone noch nicht eingerichtet haben: Ab Seite 210 (Schritt 4) lesen Sie nach, wie's geht.

 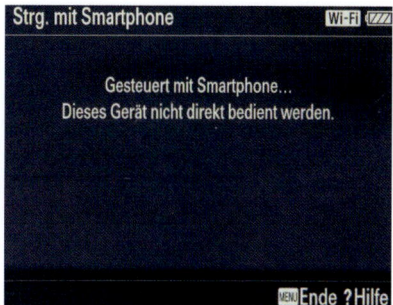

Nachdem Sie »Strg. mit Smartphone« gestartet haben, lässt sich Ihre RX100 II nur noch über das Mobilgerät bedienen.

3. Starten Sie PlayMemories Mobile auf Ihrem Mobilgerät. Tippen Sie auf *W*, um auszuzoomen, mit *T* zoomen Sie ein. Mit einem Fingertipper auf das Kamerasymbol lösen Sie die Aufnahme aus.

PlayMemories Mobile zeigt das Sucherbild Ihrer RX100 II auf dem Display des Mobilgerätes an. In den »*Einstellungen*« (Symbol rechts unten) legen Sie fest, ob die Aufnahme auf dem Smartphone gespeichert werden soll oder auf der Speicherkarte Ihrer Kamera.

4. Um die Fernsteuerung zu beenden, drücken Sie an Ihrer RX100 II die MENU-Taste.

> **Ferngesteuerte Aufnahmen ausschließlich im Modus i☐**
> Ganz gleich, welchen Aufnahmemodus Sie am Programmwählrad Ihrer RX100 II eingestellt haben: Sobald Sie die Fernsteuerung einschalten, nimmt sie im Modus i☐ auf. Sie haben kaum Eingriffsmöglichkeiten. In den *Einstellungen* von PlayMemories Mobile können Sie lediglich zwischen *Blitz aus* und *Blitz Auto* wählen sowie den Selbstauslöser aktivieren.

Was mit Ihren Aufnahmen geschehen soll, geben Sie in den *Einstellungen* von PlayMemories Mobile unter *Rückblick-Check* vor:

Rückbl., Bild speich. zeigt die Aufnahme auf dem Display Ihres Mobilgerätes und überträgt sie in dessen Speicher. In welcher Größe die Dateien gespeichert werden, legen Sie in den *Einstellungen* von iOS bzw. Android fest.

Nur Rückblick zeigt die letzte Aufnahme auf dem Smartphone, speichert sie jedoch nicht dort, sondern in der Kamera.

Aus speichert die Aufnahme auf der Speicherkarte in der RX100 II, ohne sie auf dem Smartphone zu zeigen.

Index

A

Actionmotive 145, 183
AF-Hilfslicht 131
Akku 15
    externes Ladegerät 14
    Reichweite 15
Anfangsblende 80
Anti-Bewegungs-Unschärfe 54
Anzeigemodus einrichten 31
Aufhellblitz 175
Aufnahmen betrachten 197
Autofokus 130
    DMF (Direct Manual Focus) 139
    Flexible Spot 135
    Fokusnachführung 142
    Gesichtsverfolgung 142
    Mitte 134
    Multi 134
    Nachführ-AF (AF-C) 133, 140
    statischer 133
Automatischer Weißabgleich 155
AVCHD-Format 188

B

Bedienelemente 11
Belichtung
    Belichtung steuern 100
    manuell einstellen 109
Belichtungskorrektur 112
Belichtungsmesser
    Spot 115
Belichtungsmessung 92
    schwierige Motive 93
Belichtungsreihe 117
Belichtungssteuerung 73
    Videoaufnahme 192
Belichtungszeit 74
    Bildgestaltung 77
    verwacklungsfrei 78
Benutzerkonfiguration speichern 36, 104
Benutzermenü 27
Beugungsunschärfe 81
Bewegte Objekte 140
Bewegungsunschärfe 77
Bildeffekte 163, 166
Bildfolgemodus 147
Bildindex 199
Bildrauschen 85
    Verbundaufnahme 86
Bildschirmsymbole 12
Bildstile 161
Blende 80
Blendenautomatik (S) 106
    Video 192
Blendenstufe 76
Blendenzahl 74
Blitz Aus 175
Blitz-Automatik 175
Blitzbelichtungskorrektur 177, 179
Blitzen 172
    Serienbildmodus 184
Blitzmodus 174
    einstellen 177
    Langzeitsynchronisation 179
    Synchronisation auf den zweiten Vorhang 183
BSI-Sensortechnik 9
Bulb (B) 107

D

Datum einstellen 23
Digitalzoom 69
Drahtlos-Netzwerk 204
    anmelden 206
    mit Smartphone verbinden 209
    Partnerschaft einrichten 205
    per Smartphone fernsteuern 211
DRO-Funktion 120

E

Effekte
    Automatik anpassen 44
Einbeinstativ 69
Einstellungen zurücksetzen 22
Externes Blitzgerät 174

F

Farbe 43
Farbraum 152
Feuerwerk 53
Fn-Taste 33
Focus Peaking 137
Fokuslupe 137
Fokusmodus 133
Fokusnachführung 142
Fotogestaltung 42, 44
Full HD 188

G

Gesichtserkennung 55
 Probleme vermeiden 58
Gesichtsverfolgung, Autofokus 142
Gesichtswiedererkennung 59
Gitternetz einrichten 31
Gourmet, Motivprogramm 50
Grundeinstellungen 19

H

Handgehalten bei Dämmerung 54
HDR-Automatik 126
HDR-Funktion 123
HDR Gemälde, Bildeffekt 170
Helligkeit 42
Hilfe einblenden 22
Hilfslinien einrichten 31
Histogramm 96, 198
Hochkontr.-Mono., Bildeffekt 169
Hohe Empfindlichkeit, Motivprogramm 53

I

Illustration, Bildeffekt 171
Image Data Converter 162
Intelligente Automatik 37
ISO-Automatik 89
ISO-Empfindlichkeit 74, 85

K

Kantenanhebungsstufe 137
Klarbild-Zoom 70
Kontrast 164
Kontrastumfang 113
Kreativmodus 162

L

Lächelerkennung 60
Landschaftsprogramm 49
Langzeitsynchronisation 180
Lebendigkeit 43
Live-Histogramm 95

M

Makrofotografie 132
Makroprogramm 51
Manuelle Belichtungssteuerung (M) 107
Manueller Fokus 133, 136
Menüsprache einstellen 23
Mittenbetonte Integralmessung 93
Motivprogramme 46
MOVIE-Taste 191
MP4 188
Multi, Belichtungsmessung 92
Multiframe-Rauschunterdrückung 91
Multi-Interface-Zubehörschuh 174

N

Nachführ-AF (AF-C) 140
Nachtaufnahme 52
Nachtporträt 181
Nachtszene 52
NFC-Funktion 209

O

Objektivring konfigurieren 34

P

Panoramafoto 64
Partyfotos 182
PlayMemories Home 190, 204
PlayMemories Mobile 209
Pop-Farbe, Bildeffekt 168
Porträt 48
 automatisch zuschneiden 61
Posterisation, Bildeffekt 168
Programmautomatik (P) 101
Programm-Shift 102

R

Rauschunterdrückung konfigurieren 89
Rear (Synchronisation auf den zweiten Vorhang) 177
Retro-Foto, Bildeffekt 169
Rote Augen vermeiden 176

Index

S

Sattes Monochrom, Bildeffekt 170
Sättigung 164
Schärfe 164
Schärfentiefe 81
Scharf stellen 134
Schnellmenü einrichten 33
Schwenk-Panorama 64
   Größe festlegen 66
   Probleme vermeiden 68
Seitenverhältnis 11
Selbstauslöser 149
Selbstporträt 151
Serienbilder 146
Setup-Menü 28
Slow (Langzeitsynchronisation) 177
Soft-Skin-Effekt 63
Sonnenuntergang 51
Speicherkarte formatieren 19
Spielzeugkamera, Bildeffekt 168
Sportaktion 49
Spotmessung 93, 116
SSID 207
Stand-by-Zeit ändern 16
SteadyShot aktivieren 78
Synchronisation auf den zweiten Vorhang 183

T

Teilfarbe, Bildeffekt 169
Tiere, Motivprogramm 50

U

Überlegene Automatik 37
Uhrzeit einstellen 23

V

Verbundprogramme 54
Videoaufnahme 185
   Belichtungssteuerung 192
   Dateiformat 188
   Einschränkungen 186
   Filmton 195
   konvertieren/trimmen 190
   scharf stellen 194
   wiedergeben 201
Vollautomatik anpassen 42

W

Weißabgleich 153, 160
   anpassen 158
   automatisch 155
   Fotogestaltung 156
Wiedergabemodus 198
Wiedergabe-Zoom 200
Wi-Fi 204
WLAN 204
WPS-Funktion 206

Z

Zeitautomatik (A) 103
   Video 192
Zoom
   Filmaufnahmen 71
   In Stufen 72